Programas y consejos prácticos
para lograr una forma física saludable
mediante el ejercicio de caminar

Klaus Bös y Joachim Saam

Para Hartwig Gauder

Editor: Jesús Domingo
Coordinación editorial: Paloma González
Revisión técnica: Dr. Alberto Muñoz Soler

No está permitida la reproducción total o parcial de este libro, ni su tratamiento informático, ni la transmisión de ninguna forma o por cualquier medio, ya sea electrónico, mecánico, por fotocopia, por registro u otros métodos, sin el permiso previo y por escrito de los titulares del *Copyright.*

Traducción del libro: *Tips für Walking.* Klaus Bös y Joachim Saam (2.ª ed)

© 1997 y 1999 *by* Meyer & Meyer Verlag, Aachen

© 2000 de la versión española
realizada por Julio Linares
by Ediciones Tutor, S.A.
Marqués de Urquijo, 34. 28008 Madrid
Tel: 91 559 98 32. Fax: 91 541 02 35
E-mail: tutor@autovia.com

Socio fundador
de la World Sportpublishers Association
(WSA)

Fotografía de cubierta: Polar Electro GmbH.
Diseño de cubierta: Digraf
ISBN: 84-7902-258-2
Depósito legal: M-17034-2000
Impreso en Fernández Ciudad
Impreso en España – Printed in Spain

Contenido

pág.

Prólogo 7

1. Caminar, una actividad deportiva saludable 9
   1.1. ¿En qué consiste caminar?..9
   1.2. Caminar como deporte de resistencia, en relación
        con la salud..9
   1.3. Los efectos saludables de caminar 11
   1.3.1. Los efectos de caminar sobre el aparato locomotor............12
   1.3.2. Los efectos de caminar sobre el sistema cardiovascular 12
   1.3.3. Los efectos de caminar sobre los factores de riesgo
          de enfermedades cardiovasculares 16
   1.3.4. Los efectos de caminar sobre el metabolismo 17
   1.3.5. Caminando en dirección opuesta al estrés cotidiano 19

2. La revisión médica como paso previo para caminar 20
   2.1. El examen de riesgos para la salud 21
   2.2. Cuándo se hace imprescindible caminar 22
   2.3. Cuándo hay que evitar por completo la práctica
        de caminar 23

3. La técnica para caminar mejor 25
   3.1. La posición del cuerpo al caminar 25
   3.2. El movimiento de los pies (cómo dar bien un paso) 25
   3.3. Apoyo activo mediante los brazos 26
   3.4. Velocidad, frecuencia y longitud de la zancada 26
   3.5. La técnica respiratoria 29

4. El equipo para caminar 31
   4.1. Ropa 31
   4.2. Calzado 32
   4.3. Accesorios 33
   4.4. Material auxiliar para el entrenamiento 33
   4.5. Elección del terreno para caminar 34
   4.6. La superficie sobre la que caminar 35

5. El entrenamiento para caminar mejor 37
   5.1. La frecuencia cardíaca y la velocidad al caminar 37

Contenido

pág.

- 5.1.1. Medición de la frecuencia cardíaca 39
- 5.2. Intensidad y duración 41
- 5.3. Frecuencia del entrenamiento 42
- 5.4. Calentamiento 42
- 5.4.1. Una pequeña tabla de calentamiento 43
- 5.4.2. Estiramiento 43
- 5.5. El plan personalizado de entrenamiento 44
- 5.6. Las condiciones meteorológicas al caminar 45

6. Control y dirección del entrenamiento para caminar 49
- 6.1. Esfuerzo y recuperación 50
- 6.2. Señales de alarma que transmite nuestro cuerpo 50
- 6.3. El test para caminar 51
- 6.3.1. Preparativos 54
- 6.3.2. Realización del test 55
- 6.3.3. Evaluación 56

7. Programas para caminar 59
- 7.1. Programa de calentamiento para caminar 59
- 7.2. Programa para principiantes 70
- 7.3. Programa avanzado para caminar 72
- 7.4. Programa para caminar para expertos 74
- 7.5. Programa para caminar para mayores de 70 años 75
- 7.6. Programa para caminar y adelgazar 77

8. Caminar como actividad terapéutica 81
- 8.1. Problemas de espalda o lesiones en el aparato locomotor 81
- 8.2. Otras enfermedades 81
- 8.2.1. Osteoporosis 82
- 8.2.2. Angina de pecho 82
- 8.2.3. Enfermedades del sistema venoso periférico (varices) 83

9. Caminar y la alimentación 86
- 9.1. La importancia para la salud de la alimentación 86
- 9.2. Qué comer y cuánto 87
- 9.3. Caminar y los líquidos 87

Contenido

pág.

10. Consejos para el deportista experto 88
    10.1. Entrenamiento con pesos suplementarios 88
    10.2. Entrenamiento en un terreno accidentado
         (Hill-walking) 88
    10.3. "Body-walking": una forma integral de caminar 90

**11. Consejos prácticos ofrecidos por el campeón olímpico
de marcha Hartwig Gauder** 93

Índice de ilustraciones 101

Fuentes de las fotografías e ilustraciones 103

Prólogo

Caminar es una actividad deportiva beneficiosa para la salud que puede ser practicada por todo el mundo, tal y como nos demuestran distintas experiencias y numerosas investigaciones científicas. No hay nada más adecuado a las exigencias de la realidad cotidiana de nuestra civilización moderna y tecnificada, caracterizada por la vida sedentaria.

Caminar es una actividad que no precisa ninguna aptitud física ni mental especial, puede ser integrada en el día a día o en el tiempo de ocio hasta edades avanzadas y muestra, de forma científica, los mejores efectos para la salud de un deporte de resistencia, con unos riesgos mínimos de lesiones.

Este libro ofrece, tanto al principiante como al deportista aficionado más ambicioso, consejos para la práctica de un entrenamiento saludable y divertido mediante el ejercicio de caminar.

El capítulo 1 introduce la materia de caminar como deporte de resistencia. Se plantea también la cuestión de hasta qué punto es apropiado para la salud. En estas páginas conoceremos los datos más relevantes de dicha actividad: ¿En qué consiste caminar? O, dicho de otro modo, ¿qué efectos tiene su práctica constante sobre la salud? Preguntas como éstas y otras muchas se verán rápidamente contestadas.

El capítulo 2 trata de animar al lector para que se decida a caminar. Mediante un sencillo test de salud y, al tiempo, de motivación, puede comprobar si caminar es la actividad deportiva adecuada.

En el capítulo 3 se profundiza, por fin, en lo "fundamental" que convertirá al lector en un deportista experto. En el punto central del capítulo se sitúa todo lo relevante de la técnica de caminar. ¿Qué medios y recursos auxiliares pueden utilizarse para caminar? Estas y otras cuestiones se abordan en el capítulo 4.

La cuestión principal del capítulo 5 fija, por motivos de prevención de la salud, los fundamentos del entrenamiento de la práctica de caminar. Este apartado explica cómo configurarlo.

El capítulo 6 se ha dedicado a la dirección del entrenamiento. Mediante un test puede comprobarse el estado de forma y, de acuerdo con el resultado, elegir un programa concreto para caminar.

8 Los programas para diferentes capacidades y objetivos se presentan y describen en el capítulo 7. Deben servir como estímulo para un entrenamiento metódico del ejercicio de caminar.

En los capítulos 8, 9 y 10 se ofrecen distintos consejos para las respectivas materias de "Caminar como actividad terapéutica", "Caminar y la alimentación" y "Consejos para el deportista experto".

El capítulo 11 presenta muchas sugerencias valiosas del "profesional" Hartwig Gauder, campeón olímpico de marcha.

Con este libro hemos querido ofrecer a los lectores y lectoras una obra rigurosa, pero de fácil lectura. Las figuras y fotografías tratan de facilitar la comprensión inmediata y fácil de las principales materias.

Klaus Bös
Joachim Saam

1. Caminar, una actividad deportiva saludable

Caminar es definido como una "actividad deportiva saludable y tranquila". Esto resulta demasiado abstracto. ¿Qué significa, en realidad, saludable? ¿Y por qué se define con tanta facilidad el caminar como una actividad deportiva saludable?

1.1. ¿En qué consiste caminar?

Caminar, como ocurre en el inglés con "Walking", es sinónimo de andar. Sin embargo, caminar es más que andar, como sabemos por nuestra experiencia diaria. Caminar es, dicho del modo más sencillo posible, una forma de andar rápida, deportiva. Las posibilidades son múltiples: puede realizarse de manera cómoda o ágil, de forma concentrada o relajada, con un gran esfuerzo o utilizando incluso pesos adicionales.

Ahora bien, no debemos confundir caminar con la marcha, disciplina de competición. En este caso se buscan los máximos rendimientos de acuerdo con patrones internacionales. En el nuestro se trata más bien de entretenerse, de estar en forma, de favorecer la salud y de una práctica individual. Los objetivos principales están en el rendimiento propio y en las metas personales.

La técnica de caminar es muy sencilla. Se parece a una marcha ágil pero tiene un efecto más deportivo. Al caminar se tratan de evitar las rotaciones extremas de las caderas, con las que los marchadores de competición tratan de lograr los menores tiempos de contacto con el suelo para así andar más deprisa.

1.2. Caminar como deporte de resistencia, en relación con la salud

La salud es un proceso que se encuentra en constante transformación. Salud es una palabra que sólo se expresa en singular. Por contra, la medicina moderna conoce más de 60.000 enfermedades. Y el intento de lograr una definición de validez general del término salud no se ha logrado de manera satisfactoria hasta la fecha. ¿Existen distintas formas de salud?

La medicina ha definido tradicionalmente la salud como la ausencia de enfermedad. Ahora bien, ¿diríamos por ello que el deportista de com-

petición que obtiene resultados del máximo nivel está enfermo, aunque pueda tener lesiones crónicas en la rodilla? O ¿hay que considerar enferma a una persona joven que es incapaz de lograr rendimientos físicos comparables y no parece tener una resistencia notable?

El mejor modo de aproximarnos al concepto de salud es a través de una observación global. La persona, es decir, el cuerpo, el alma y la mente, constituye una unidad. Esta visión del ser humano, por cierto de tiempos inmemoriales, es defendida también por la Organización Mundial de la Salud (OMS). La OMS lo ha recogido en su definición de la salud como objetivo final: "La salud no sólo consiste en la ausencia de enfermedad, sino que es un estado de bienestar físico, psíquico y social completo" (OMS, 1987).

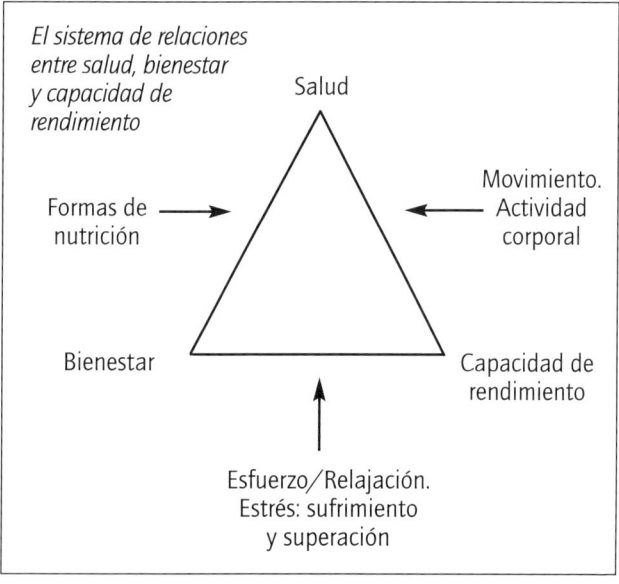

Fig. 1: Relación entre movimiento, nutrición y relajación.

Los deportes de resistencia en general, y la práctica de caminar en particular, tienen, junto a la actitud frente a la alimentación y a la superación del estrés, una influencia sobre la salud científicamente probada. Los rasgos característicos fundamentales del caminar son: el bienestar del cuerpo y del alma, y una capacidad de rendimiento (buen estado de forma) tanto corporal como mental. Caminando, llevando una alimentación completa y una relajación activa (factores protectores de la salud) se mejora y mantiene de manera sencilla la capacidad de rendimiento durante toda la vida.

1.3. Los efectos saludables de caminar

La capacidad de resistencia desempeña un papel fundamental tanto en la vida cotidiana como en el ámbito deportivo. Junto a la fuerza, la velocidad y la coordinación (movilidad, agilidad) es uno de los elementos fundamentales de la condición física. Consiste en la capacidad de mantener, durante el mayor tiempo posible, un determinado esfuerzo. La resistencia no sólo tiene un efecto positivo sobre los rendimientos deportivos, sino que también resulta de gran ayuda en la realización concentrada o relajada de las tareas cotidianas, como pueden ser, por ejemplo, las del trabajo profesional.

Ahora bien, es cierto que hasta hace poco tiempo se habían ignorado los riesgos de un deporte de resistencia extremo. No se habían investigado, por ejemplo, los efectos sobre el cerebro y sobre el sistema inmune. Los estudios más recientes demuestran que un entrenamiento excesivo puede tener como consecuencia una pérdida completa de memoria y un debilitamiento de la inmunidad. Esto sin contar los daños y manifestaciones de desgaste que pueden aparecer en el sistema óseo de los deportistas.

Hace tiempo que la medicina y las ciencias del deporte no tienen dudas sobre los efectos beneficiosos de caminar. Para evitar, por ejemplo, enfermedades cardíacas, deben consumirse entre 1.000 y 2.000 calorías adicionales a la semana mediante el esfuerzo deportivo. Junto al ejercicio de caminar, se recomiendan las disciplinas tradicionales de resistencia, como la natación, el esquí de fondo, el ciclismo o la carrera de fondo.

A diferencia de estas disciplinas tradicionales, la práctica de caminar tiene la importante ventaja de que pueden lograrse los efectos saludables sobre el cuerpo, el alma y la mente, con un esfuerzo comparativamente menor y prácticamente sin riesgo de lesiones. Destaca precisamente la moderación: *Caminar, una actividad deportiva saludable y tranquila.*

1.3.1. Los efectos de caminar sobre el aparato locomotor

La musculatura de las piernas y de los glúteos se refuerza caminando y se alcanza un tono muscular mejorado, que aumenta la capacidad de resistencia frente a lesiones en los ligamentos y las articulaciones. Además, condiciona a toda la musculatura del tronco (espalda, pelvis y abdomen), lo que tiene un efecto positivo sobre el equilibrio de la columna vertebral. Si la musculatura de los muslos es reforzada, se evita el cansancio de las articulaciones de las rodillas y de las caderas.

Los huesos alcanzan una mayor estabilidad gracias al ejercicio de caminar. El equilibrio entre la reconstrucción y el desgaste de los huesos se mantiene durante un tiempo sensiblemente mayor que cuando se camina poco o nada. Se puede prevenir así, por ejemplo, la osteoporosis que aparece a menudo con la edad. Al tiempo debería apoyarse la prevención de dicha enfermedad con una alimentación rica en calcio. De esta manera se previene la fragilidad de los huesos y la formación de cifosis en la zona de la columna vertebral (joroba). Los cartílagos, los tendones y los ligamentos se ven reforzados, adquieren mayor elasticidad y resistencia.

Un consejo:

> El principiante o la persona que vuelve a caminar después de haber interrumpido su práctica por un tiempo, obtiene mayores éxitos al principio. Hay que tener presente que los resultados de adaptación de la musculatura suelen observarse mucho antes que los del aparato locomotor pasivo. Los tendones y los ligamentos, los cartílagos y los huesos necesitan proporcionalmente dos tercios más de tiempo en ver aumentado su grosor y flexibilidad. La velocidad y duración de marcha debe ser incrementada con mucha prudencia. Si aparece dolor en las articulaciones, indica que se está produciendo ya un sobreesfuerzo. En este caso, ¡el entrenamiento debe ser reducido inmediatamente, o incluso interrumpido del todo!

1.3.2. Los efectos de caminar sobre el sistema cardiovascular

El nivel de resistencia depende fundamentalmente de la capacidad de regulación y adaptación del sistema cardiovascular (músculo cardíaco, sistema vascular del cuerpo en general, y de los pulmones en particular) y del sistema metabólico (intercambio de sustancias nutritivas entre los vasos sanguíneos y las células de los músculos).

¿Qué resultados cabe obtener si no tenemos un corazón entrenado mínimamente para aguantar un esfuerzo prolongado? El sistema cardiovascular no sería capaz de funcionar en cuanto tuviese lugar el mínimo esfuerzo, como, por ejemplo, al caminar o subir una escalera. Por ello, existe una relación directa entre la capacidad de rendimiento del corazón y la capacidad de resistencia. Cuanto más se haya entrenado la resistencia, más económicamente podrá trabajar el corazón con un mismo esfuerzo corporal, es decir, se verá descongestionado mediante un menor número de pulsaciones gracias al mayor volumen de sangre bombeada por cada una de ellas.

Un deportista que ha entrenado adecuadamente su resistencia con actividades deportivas practicadas en el tiempo libre, en competición, o por motivos de salud, dispone de una mayor capacidad de aguante frente al cansancio al practicar cualquier disciplina deportiva. La resistencia tiene también un valor importante en el ámbito de la salud, puesto que ejerce un efecto positivo sobre el sistema cardiovascular, sobre el metabolismo y sobre el riego sanguíneo de los órganos corporales. Muchos cuadros sintomatológicos de la sociedad de bienestar –por ejemplo, los infartos de miocardio, la hipertensión o las alteraciones en el metabolismo de las grasas o de los azúcares– pueden ser evitados. Mediante investigaciones científicas se ha podido demostrar incluso que el deporte de resistencia controlado ejercería sobre estas enfermedades cierta función de defensa.

Algunas situaciones de estrés que se dan a menudo, y a las que estamos expuestos invariablemente, pueden ser compensadas con mucha mayor facilidad si disponemos de un corazón entrenado.

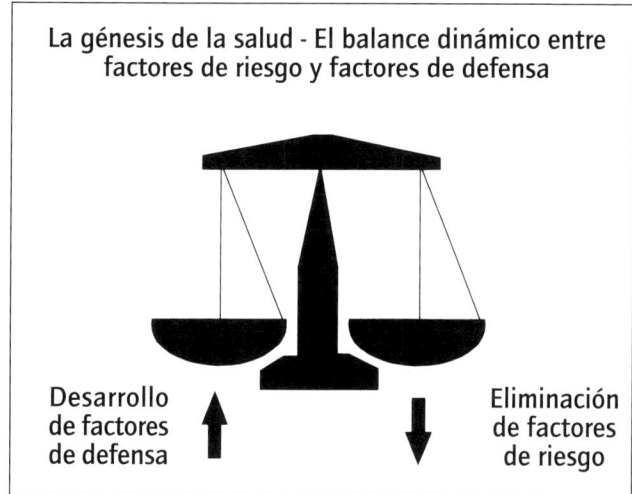

Fig. 2: Equilibrio entre factores de defensa y factores de riesgo.

En este sentido debe considerarse el entrenamiento de la resistencia, y con ello la actividad de caminar, como una medida preventiva importante contra manifestaciones de déficit en la motricidad y como medio para la rehabilitación.

Si prestamos atención al proceso de adaptación al entrenamiento de la resistencia, deben establecerse diferencias entre la provisión aeróbica y anaeróbica de energía. En el ámbito del deporte orientado a la salud interesa más el rendimiento de la resistencia aeróbica por su efecto defensivo. Este rendimiento sólo puede ser desarrollado por la musculatura si existe un balance equilibrado de la energía, lo que significa que la provisión de oxígeno debe adaptarse a los gastos de energía *(steady state)*. El cuerpo sólo echará mano de sus propios depósitos de grasa en el caso de la provisión de energía aeróbica y cuando ésta se produzca durante un largo período de tiempo.

Cuando comienza el trabajo muscular, el metabolismo se multiplica inmediatamente sobre su valor de reposo. Se precisa entonces una mayor cantidad de oxígeno, que es aportada gracias al incremento del riego sanguíneo (aumento de la velocidad del pulso cardíaco y del volumen de sangre proporcionado por el corazón). El sistema cardiovascular puede poner normalmente a disposición del músculo todo el oxígeno que necesita para la producción de energía.

Los fenómenos de adaptación del sistema cardiovascular, y con ellos los efectos precisables del deporte de resistencia, son el aumento de tamaño del corazón (un proceso económico de reducción de la frecuencia del pulso cardíaco con el aumento simultáneo del volumen de sangre bombeada) junto a la mejora de las vías de provisión de la musculatura a través de los capilares (dilatando los vasos sanguíneos activos y abriendo otros que no tenían riego).

1. Mejora de la capacidad de consumo de oxígeno.
2. Mejora de la capacidad de transporte de oxígeno.
3. Disminución de la frecuencia cardíaca.
4. Aumento del volumen de bombeo.
5. Mejora del riego del miocardio gracias a la formación de vasos colaterales (ramificaciones).
6. Aumento de la musculatura del corazón.
7. Mejora de las propiedades de contracción del miocardio.
8. Mejora de la provisión sanguínea del corazón.
9. Reducción de la resistencia del sistema vascular periférico.
10. Disminución de la presión sanguínea diastólica.

Fig. 3: Los diez efectos cardiovasculares más importantes de la práctica de caminar.

El entrenamiento anaeróbico –esfuerzos muy intensos y muy breves, como, por ejemplo, en el esprint– carecen de importancia en el deporte orientado a la salud. La provisión de oxígeno del músculo no es suficiente en el esfuerzo anaeróbico y el organismo incurre en un déficit de aquél, produciendo energía sin consumir oxígeno. La consecuencia es la formación de ácido láctico, una "acidez excesiva" del músculo.

La formación de ácido láctico conlleva una seria amenaza sobre la salud. El desecho metabólico que constituye el ácido láctico se reduce no sólo en el hígado gracias al gasto de oxígeno, sino también en el miocardio, durante la realización de un esfuerzo. En el caso de que, aunque se ignore, el miocardio esté dañado con carácter previo (debido, por ejemplo, a una constricción o, incluso, una oclusión de los vasos) existe el peligro de una provisión insuficiente de oxígeno al miocardio debido a la cantidad adicional de oxígeno que se precisa para reducir el ácido láctico.

Otro riesgo para el corazón no entrenado y que se ve sometido a un esfuerzo intensivo no acostumbrado, puede consistir en la puesta en circulación de depósitos de colesterol existentes en las arterias coronarias. Estas sustancias pueden introducirse en los vasos coronarios y provocar la formación de coágulos sanguíneos: es el comienzo del infarto de miocardio. De este modo, un deportista aficionado puede estar corriendo el riesgo de un repentino paro cardíaco al practicar muy a menudo un deporte demasiado intenso.

En resumen, debe retenerse lo siguiente: cuanto menor sea la frecuencia cardíaca entre dos rendimientos comparables, mayor será el rendimiento de la resistencia, el miocardio –nuestro motor– se verá irrigado por mayor cantidad de sangre y recibirá mayor cantidad de oxígeno, con un método de trabajo económico simultáneo. Dicho de otro modo, un deportista entrenado logra con la misma frecuencia cardíaca mejores resultados que otro no entrenado. La menor frecuencia está en relación directa con el aumento del volumen del corazón (o de bombeo).

1.3.3. Los efectos de caminar sobre los factores de riesgo en enfermedades cardiovasculares

Arterioesclerosis
Caminar puede ayudar a prevenir la arterioesclerosis (estrechamiento progresivo del diámetro de las arterias). Como ha quedado demostrado, la composición y concentración de las grasas sanguíneas (como causa del estrechamiento de las arterias) se puede transformar y reducir caminando con regularidad. Al incrementarse al mismo tiempo la circulación sanguínea y su velocidad, se reduce el riesgo de nuevos depósitos en las paredes arteriales y con ello la esclerotización progresiva de los vasos.

Hipertensión arterial
La hipertensión manifiesta es un factor para contraer una enfermedad fácilmente determinable, que aumenta el riesgo de padecer una afección peligrosa del sistema cardiovascular. Una de las causas fundamentales de la hipertensión es, a menudo, el sobrepeso. Debido a la in-

suficiente actividad física y a la oferta sobredimensionada de nuestra sociedad de consumo, la relación entre ingesta y gasto de calorías suele ser poco equilibrada. Se suelen asimilar más calorías de las que se necesitan a diario. Está demostrado que caminar puede contribuir a la pérdida de peso, dependiendo de la frecuencia, de la duración y de la intensidad de la práctica de este ejercicio. A esto se añade que caminar con regularidad tiene un efecto positivo sobre una reducción duradera de la tensión arterial.

1.3.4. Los efectos de caminar sobre el metabolismo

Los "motores de combustión" del cuerpo son las mitocondrias, que son elementos que integran cada célula corporal y cuya finalidad consiste en proveer de energía a estas unidades, las más pequeñas de nuestro organismo. En la unión de las células musculares (la fibra muscular que, en forma de haces musculares, constituye el músculo) desencadenan estos centros de energía los movimientos musculares, mediante un proceso bioquímico complejo. Las células musculares contienen un mayor o menor número de mitocondrias según el estado de rendimiento y resistencia del cuerpo. Un deportista que haya entrenado bien la resistencia ofrece al principio del esfuerzo un número sensiblemente mayor de mitocondrias en su musculatura, que otro que apenas esté entrenado.

Como consecuencia del consumo de oxígeno, y a través de una enzima que existe en la mitocondria, se produce la descomposición de moléculas de glucosa, con lo cual se generan compuestos de fosfatos energéticamente ricos (adenosin trifosfatos). Éstos, en presencia de calcio, reaccionan con las unidades más pequeñas (formadas por proteínas) que son capaces de contraer la musculatura. Como consecuencia de este proceso se contraen las fibras musculares. Si el estímulo motor es suficientemente elevado (impulso nervioso eléctrico), se contraen un número importante de esas fibras y, a causa de la tensión del tendón correspondiente, se mueve la extremidad involucrada (por ejemplo, el brazo).

Al comienzo de un entrenamiento deportivo se consumen primero las reservas energéticas disueltas en el plasma sanguíneo, antes de recurrir a los depósitos energéticos propios del cuerpo (glucógeno, grasas, proteínas). Cuanto mayor sea la inducción al movimiento, más células musculares se verán estimuladas, mayores serán la actividad enzimática, el gasto energético y la eliminación de elementos energéticos propios del cuerpo. Los productos resultantes de los distintos procesos metabólicos de desecho, de los cuales el más conocido es el dióxido de carbono, son depositados y excretados en la circulación sanguínea a través de las membranas celulares. El dióxido de carbono, por ejemplo, se expulsa a través de los pulmones.

Si la concentración de dióxido de carbono en la sangre crece, actúa como estímulo para el sistema respiratorio, aspirando más oxígeno a los pulmones mediante inhalaciones más profundas de aire. Con el fin de trasladar durante el esfuerzo corporal la mayor cantidad de oxígeno hacia la musculatura implicada, el corazón se ve obligado, como "motobomba" que es, a transportar mayor cantidad de sangre acelerando la frecuencia cardíaca o aumentando la eyección de la sangre.

1. Aumento del volumen de mitocondrias.
2. Mejora de la actividad enzimática de la musculatura.
3. Crecimiento del contenido de hemoglobina (y, con ello, de la provisión de oxígeno) en la célula muscular.
4. Incremento de los sustratos energéticos intramusculares (glucógeno, triglicéridos, fosfatos ricos en energía).
5. Transformación de la composición del colesterol mediante la mejora de la relación entre el HDL y el LDL.
6. Aumento de la concentración de HDL y disminución de la de LDL.
7. Aumento del nivel de glucógeno.
8. Disminución del nivel de ácido úrico.
9. Mejora de la densidad ósea.

Fig. 4: Los nueve efectos más importantes de caminar sobre el metabolismo.

Como ocurre con el metabolismo, también el sistema cardiovascular se adapta, tal y como hemos descrito, a un esfuerzo periódico. El miocardio crece (aumento de volumen), adquiere mayor fuerza y puede bombear así más cantidad de sangre en cada expulsión desde el corazón al sistema periférico. Al mismo tiempo aumenta el volumen de llenado en cada proceso de bombeo. El contenido en la sangre de hemoglobina (proteína que capta al oxígeno y lo transporta en la sangre) aumenta y proporciona una mejor provisión de oxígeno en todos los sistemas orgánicos del cuerpo.

Imaginemos en esta resumida presentación de un proceso bioquímico tan complejo, que elevemos de manera duradera este proceso metabólico a un nivel más alto, gracias a la práctica repetida de caminar, aunque la interrumpamos por un breve período de tiempo. La tasa metabólica sencillamente se ha incrementado. En este caso, ya no será tan fácil que nos salgan "michelines"...

1.3.5. Caminando en dirección opuesta al estrés cotidiano

Caminando es posible equilibrar factores del estrés cotidiano de la vida moderna. Es el caso de la tensión, la irritación, el nerviosismo, la impaciencia, la agitación, la rabia, el mal humor, el enfado, el miedo, etc., que nuestro sistema nervioso vegetativo "involuntario" (también llamado autónomo) puede transformar en reacciones corporales como mareos, trastornos respiratorios, taquicardias o dolores de cabeza. Está comprobado que caminando se favorece la intervención de una hormona antiestrés propia del cuerpo, que influye sobre esos trastornos y puede incluso llegar a eliminarlos.

Otros estudios sociológicos y psicológicos indican que los deportistas que caminan tienen una elevada autoestima o un alto concepto de sí mismos en comparación con otras personas que no practican deporte. Caminar puede aumentar el bienestar personal, elevar el concepto que tenemos de nosotros mismos, conjurar miedos o temores y ayudar a vencer una depresión.

1. Aumento del bienestar personal.
2. Reducción de estados de temor o depresión.
3. Incremento del sentimiento de autoestima.
4. Reforzamiento del concepto de uno mismo.
5. Superación de los estados de estrés.
6. Mejora de la capacidad de atención y concentración.

Fig. 5: Los seis efectos más importantes de caminar sobre la mente.

Dado que la práctica de caminar tiene lugar al aire libre, nada tan indicado como "desconectar". El disfrute de la naturaleza pasa a primer plano. Por ello, deberían elegirse como recorridos apropiados aquellos en que el ruido, los tubos de escape, etc., no distraigan o impidan el ejercicio. Todas las exigencias que nos presenta hoy nuestra vida laboral o privada pueden ser abordadas así con más sencillez y facilidad.

2. La revisión médica como paso previo para caminar

> ¿Sabe usted que caminar es el deporte de resistencia con el que sin grandes esfuerzos puede mantener e incluso lograr un buen estado de salud? Caminar somete al cuerpo a un tipo de esfuerzo por el que, en general, se eliminan depósitos de grasa corporal. Gracias al esfuerzo suave y moderado de mediana intensidad que tiene lugar durante un cierto período de tiempo, la energía necesaria para caminar es aportada en gran parte a través del consumo de grasa corporal. En este caso, la intensidad durante el ejercicio debe ser lo más baja posible, pero tan alta como sea necesario para que los procesos energéticos que tienen lugar en la musculatura tengan siempre a su disposición el oxígeno necesario. Con la ayuda de un ejemplo y de un sencillo examen de salud se podrá comprobar si caminar es la actividad deportiva correcta y necesaria, o si, en el caso de padecer una enfermedad o poder padecerla, el propio ejercicio de caminar pueda convertirse en un riesgo para la salud.

Queremos poner de relieve, en primer lugar, mediante un ejemplo de la medicina deportiva muy simplificado, qué ocurre dentro de nuestro cuerpo cuando comenzamos a caminar, es decir, qué procesos fisiológicos tienen lugar durante el entrenamiento para caminar.

Pongamos por caso que estamos en reposo y comenzamos a caminar. Después de aproximadamente tres segundos ya se ha gastado el **adenosín trifosfato** y después de diez el **fosfato de creatina**, dos proveedores de energía muscular que actúan con gran rapidez, y es necesario que a una enorme velocidad vuelvan a ser producidos, y así una y otra vez. Estos fosfatos son precisamente los elementos que dan lugar directamente al movimiento muscular a través de una reacción química y física en la célula muscular.

El cuerpo tiene pues que aportar nuevas reservas, si no no se moverá ningún músculo más. El cuerpo produce entonces nuevos adenosín trifosfatos en apenas microsegundos. Lo consigue transformando dentro de la mitocondria (véase también la página 17) primero los azúcares disueltos en la sangre y, después, la glucosa almacenada en las células musculares (el glucógeno). Estas existencias son consumidas por una persona sin entrenamiento en aproximadamente 30 minutos, mientras que un deportista de alto rendimiento dispone de las mismas durante tres cuartos de hora.

Por ello, nada más haber transcurrido 10 segundos desde el comienzo del ejercicio, se pone en marcha el largo proceso del metabolismo de los azúcares. Al mismo tiempo comienza, paralelo a la glucólisis, el metabolismo de las grasas. La parte que tienen ambas actividades metabólicas en el proceso de provisión de energía varía constantemente. Si bien al principio es casi en exclusiva el metabolismo de los azúcares el que aporta la energía para caminar, tras aproximadamente 45 minutos, en general, es el protagonista el metabolismo de las grasas. La consecuencia es que van eliminándose depósitos de grasa del cuerpo.

Imaginémonos ahora que caminamos durante todo el día. La materia grasa va dejando lugar a la musculatura. El tejido se endurece y las distintas partes del cuerpo van tomando forma. No adelgazamos necesariamente por ello. Sin embargo, la relación entre la materia grasa y la masa muscular varía en beneficio de la musculatura que está consumiendo energía y, por ende, en beneficio de nuestra salud. Otros efectos sanos de caminar ya se han descrito en el capítulo 1.

Comprobemos con preguntas sencillas si caminar es para nosotros la forma de movimiento deportivo adecuada. Veremos que no hay prácticamente nadie que no pueda comenzar a caminar sin más.

2.1. El examen de riesgos para la salud

Existe un escaso número de personas con ciertas enfermedades previas (los llamados grupos de riesgo) que deberían dejarse aconsejar antes de comenzar a caminar. En el caso de que respondieran afirmativamente a alguna de las preguntas que se plantean en el siguiente cuadro, podría existir algún riesgo para la salud. Por ello deberían acudir, en primer lugar, al médico de cabecera y aclarar si incluso el ejercicio moderado de caminar puede convertirse en un riesgo. Es mejor asegurarse antes que nada con un pequeño "examen de riesgos", para comprobar si los siguientes síntomas se han percibido alguna vez o si, incluso, aparecen a menudo.

¿Tiene alteraciones del ritmo cardíado o taquicardias	Sí	No
¿Tiene molestias en las articulaciones?	Sí	No
¿Ha estado hospitalizado el último año?	Sí	No
¿Está resfriado en la actualidad o tiene fiebre?	Sí	No

Fig. 6: Cuestionario para evaluar riesgos para la salud.

En el caso de que se haya respondido afirmativamente a alguna de las cuestiones, debería consultarse al médico de inmediato para determinar si caminar es el ejercicio más adecuado:

- En el caso de problemas cardíacos debería llevarse a cabo antes que nada un electrocardiograma de esfuerzo. Mediante este examen pueden determinarse irregularidades de las funciones del corazón y valorarse los posibles riesgos.
- Las causas de dolores musculares o de las articulaciones tienen que ser determinadas por un médico. Puede tratarse, por ejemplo, de afecciones de artritis o reúma. Sin embargo, estos dolores pueden desaparecer también gracias al ejercicio. "El que no se mueve, se anquilosa", podría decirse coloquialmente.
- No debería caminarse en el caso de padecer fiebre elevada (más de 38°) o infecciones de las vías respiratorias, incluso un simple catarro o ataques de tos. ¡Enseguida puede cogerse una pulmonía o una inflamación del miocardio! Estos riesgos no deben menospreciarse y deben evitarse. Es mejor dejar que ceda la fiebre o el resfriado.

2.2. Cuándo se hace imprescindible caminar

Evidentemente queremos evitar estar pendientes en todo momento de posibles enfermedades o riesgos. Planteado a la inversa, de manera positiva, esto significa que las personas relacionadas en el siguiente cuadro deberían comenzar a caminar en cualquier caso, salvo que se hubiera respondido afirmativamente a alguna de las preguntas anteriores referidas a los riesgos (véase el apartado 2.1.).

Caminar es la actividad deportiva ideal para aquellas personas que de manera permanente

- Permanecen sentadas más de nueve horas al día.
- Permanecen de pie más de nueve horas al día.
- Se mueven al aire libre menos de quince minutos diarios.
- Suben menos de 25 peldaños de escalera al día.
- Practican menos de 30 minutos de deporte a la semana.
- Se fatigan en cuanto aceleran la marcha o suben escaleras.
- Tienen molestias en las articulaciones al levantarse de una silla o incorporarse de la cama.
- Perciben contracturas de los músculos de la espalda, las cervicales o los hombros.

- Presentan una frecuencia cardíaca de reposo elevada (más de 80 pulsaciones por minuto).
- Están por encima de su peso normal.

Fig. 7: Motivos para caminar forzosamente.

Si alguna de estas situaciones o varias de ellas son nuestro caso, no se puede dejar pasar ni un minuto más en comenzar la actividad. Podríamos estar frente a una falta completa de movimiento que, unida a la presencia de síntomas negativos, puede ser el paso previo inmediato a la enfermedad.

2.3. Cuándo hay que evitar por completo la práctica de caminar

Por desgracia, hay personas que, por padecer alguna de las siguientes enfermedades o síntomas, deben abstenerse por completo de caminar:

- En caso de alteraciones severas del riego sanguíneo, acompañadas de dolores en reposo de los miembros afectados.
- En el caso de no poder caminar más de 100 metros sin que aparezca un dolor de sobreesfuerzo en las piernas.
- Ante una angina de pecho inestable, es decir, si aparecen dolores de pecho por primera vez, se están transformando o están apareciendo incluso en una situación de descanso, con una irradiación a la parte izquierda del cuerpo, acompañado de dificultades de respiración. Es un posible paso previo al infarto de miocardio.
- Ante una hipertensión manifiesta, es decir, con una tensión arterial siempre por encima de valores de 14 (máxima) y 9 (mínima).
- En el caso de alteraciones profundas del ritmo cardíaco, que se acompañan de ahogos y opresión del pecho, así como
- una estenosis aguda de las arterias coronarias, es decir, un estrechamiento muy avanzado de estas arterias fundamentales del corazón.

Fig. 8: Criterios excluyentes para la práctica de caminar.

En el caso de que estemos inseguros, debemos acudir al médico, antes de que puedan aparecer complicaciones. En el caso de hombres por encima de los treinta y cinco años, hay algunos seguros médicos que ofrecen la posibilidad de someterse a chequeos médicos completos cada dos años.

Fig. 9: Posición del cuerpo.

3. La técnica para caminar mejor

La técnica de caminar se diferencia de la forma normal de andar. Ahora bien, ni siquiera esta forma de andar común es igual en todas las personas. A lo largo de la vida cada persona desarrolla su propia forma personal de hacerlo. Así, fisioterapeutas experimentados pueden descubrir a través de la observación de estos estilos individuales los estados corporales y de ánimo de cada individuo. A menudo el estilo de andar es una expresión de estados anímicos y existenciales. La cabeza hundida, el tronco inclinado hacia delante, la mirada puesta en las puntas de los pies, pequeños pasos cuidadosos, son señal de una persona depresiva, temerosa, sobre cuyos hombros recae toda la carga del mundo. Una persona de paso vivo, con la cabeza erguida y el pecho henchido de orgullo, muestra por el contrario a un individuo activo, optimista, que mira al futuro de buen ánimo. Debemos prestar atención alguna vez a nuestra propia forma de andar y luego compararla con la de otras personas. También podemos intentar describir nuestro estado de ánimo momentáneo observando nuestro cuerpo, descubriendo seguramente muchos aspectos de interés sobre nosotros mismos.

3.1. La posición del cuerpo al caminar

El tronco debe estar erguido. Debemos mirar hacia el frente, la mirada no debe estar clavada permanentemente en el suelo. Los hombros deben echarse atrás, elevando el pecho. De este modo se evitan contracturas de la musculatura de los hombros, las cervicales y la espalda durante el ejercicio.

Comencemos ahora con el aprendizaje del movimiento de los pasos y de los pies. Para ello, caminaremos primero dando unos pasos, para después incrementar el recorrido. Hasta entonces no aceleraremos la velocidad por encima del ritmo normal al caminar.

3.2. El movimiento de los pies (cómo dar bien un paso)

Los pies deben levantarse de tal manera que las puntas de los pies estén orientadas en la dirección en que se va a dar el paso. En este caso es completamente normal que los pies estén ligeramente doblados hacia dentro o hacia fuera. Los pies deben estirarse de manera extrema sobre los talones al dar cada paso. Los pies se deslizarán entonces de manera consciente sobre toda la planta del pie (el borde externo) hasta las

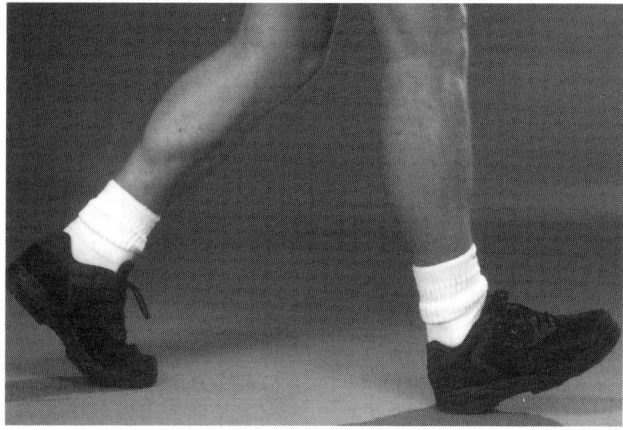

Fig. 10: La técnica para dar bien un paso.

puntas, sin iniciar el nuevo movimiento hasta que las mismas no se hayan impulsado con fuerza del suelo.

3.3. Apoyo activo mediante los brazos

Los brazos han de introducirse de manera activa en todo el movimiento. Deben balancearse con soltura, como si fueran péndulos, en un conjunto armónico acompasado con las zancadas.

La extensión del movimiento de los brazos es amplia: los brazos se llevan de manera rítmica desde la cadera hasta la altura de los hombros. Las manos están cerradas pero sueltas o ligeramente abiertas. Los puños cerrados indican agarrotamiento.

3.4. Velocidad, frecuencia y longitud de la zancada

Estos factores influyen unos sobre otros. Si se incrementa la velocidad, aumenta también la frecuencia de la zancada, mientras que, al tiempo, se reduce la longitud de la misma. Si se intenta proceder al revés, tratando de dar una zancada de mayor longitud, con el fin de recorrer una mayor distancia dando un menor número de pasos, se reduce también la frecuencia de los mismos. Entre estos tres componentes existe una relación óptima para cada persona, que debe descubrir ella misma. Normalmente al caminar distancias largas este equilibrio acaba por alcanzarse por sí solo.

Fig. 11: El movimiento de los brazos.

Fig. 12: El movimiento completo del cuerpo al caminar.

Un consejo:

Es recomendable contar de vez en cuando la frecuencia de las zancadas. De acuerdo con nuestra experiencia debe alcanzarse una frecuencia de 110 a 130 pasos por minuto, según el nivel de entrenamiento de cada uno.

3.5. La técnica respiratoria

Seguro que a cualquiera de nosotros nos ha llamado la atención, al observar una representación anatómica del pulmón, que se parece a una enorme raíz arbórea. Como si fuera la copia de un árbol, el pulmón se ocupa en nuestro interior del proceso vital fundamental de la respiración, que desde hace millones de años viene repitiéndose en la naturaleza y del cual no podemos sustraernos como miembros vivos del ciclo natural.

El pulmón está ramificado hasta la millonésima parte en minúsculas ramificaciones sólo reconocibles bajo el microscopio, los llamados alveolos. Allí tiene lugar el paso del oxígeno a la sangre. Con cada latido del corazón la sangre coge el oxígeno del pulmón y lo transporta a los órganos corporales, donde es consumido. El residuo, el dióxido de carbono, es transportado de regreso a los pulmones a través de la sangre de las venas, siendo expulsado de nuevo con la espiración.

Mediante la práctica de caminar estimulamos a nuestros órganos respiratorios a llevar más aire a los pulmones. La cantidad de oxígeno que podemos absorber cada vez depende del tamaño del corazón, de los pulmones y de la capacidad de la sangre para transportar esta cantidad de oxígeno. Y estos factores dependen, a su vez, de la capacidad de la musculatura para absorber y consumir el oxígeno. Todos estos factores son entrenables.

La respiración normal, que tiene lugar sin que nos demos cuenta, se acelera durante el moderado esfuerzo de caminar. La profundidad respiratoria se reduce porque el cuerpo tiene que absorber más oxígeno. La consecuencia es que las personas no entrenadas se quedan sin respiración mucho antes en comparación con aquéllas sí preparadas. Cuando se producen esfuerzos corporales intensos no habituales, como, por ejemplo, al echar una larga carrera para alcanzar el autobús que se escapa, la capacidad muscular de absorber y consumir oxígeno es insuficiente. Se produce un desequilibro y el oxígeno se devuelve sin haber sido consumido. La musculatura trabaja sin oxígeno y tiene lugar una acidez excesiva de la musculatura y la capacidad de rendimiento del cuerpo decae con enorme rapidez. Por ello, si al caminar se pierde el aliento, es señal de que la velocidad es excesiva.

El modo de ayudar al proceso respiratorio consiste en coger aire profunda y rítmicamente, de acuerdo con la cadencia de las zancadas al caminar. Debe respirarse cogiendo el aire por la nariz. De esta manera el aire llega caliente, húmedo y limpio a los bronquios (la parte superior del pulmón).

Un consejo:

Es conveniente probar el ritmo de respiración que se adapte a nosotros. Esto lo ha de percibir cada uno por sí mismo. La respiración suele ajustarse normalmente de manera natural al esfuerzo realizado al caminar. Por ejemplo, puede tomarse aire mientras se dan tres pasos y volverlo a expulsar en los siguientes tres. Si a pesar de todo falta el aire, es señal de que seguimos caminando demasiado deprisa y que podemos correr el peligro de que la musculatura alcance una acidez excesiva. La necesidad adicional de oxígeno tiene que ser cubierta respirando por la boca. Hay que reducir entonces la velocidad de zancada hasta detenernos por completo. Se recomienda entonces no respirar sólo por la boca sino, al mismo tiempo, a través de la nariz. En este caso la expulsión debería prolongarse generalmente algo más que la entrada de aire.

4. El equipo para caminar

"El mal tiempo no existe, el problema consiste en no vestirse adecuadamente". Esta afirmación se ajusta por completo a la práctica de caminar, un deporte de aire libre. No deberíamos renunciar a caminar salvo que estuviera diluviando, las temperaturas fueran extremas o que los valores de ozono fueran elevados. Caminar es una práctica que no exige para su disfrute de ningún equipo extraordinario. Si, por ejemplo, no podemos caminar más que durante la hora de descanso al mediodía o en el camino hacia (o de vuelta) del trabajo, sería aconsejable vestir una ropa suelta, que nos permita movernos con libertad y con la que nos sintamos a gusto. Son adecuadas las prendas ligeras de algodón. Respecto a los zapatos, en la práctica diaria de caminar está permitido casi todo, excepto los zapatos con mucho tacón, mientras que en el ejercicio deportivo de caminar son necesarios zapatos con una buena aireación.

4.1. Ropa

A largo plazo, para la práctica deportiva de caminar es necesario tener prendas deportivas o de tiempo libre que sean cómodas. Nada debe impedir o entorpecer el ejercicio. Además, la ropa debe ser de un material fácil de lavar, pues durante la práctica es seguro que sudaremos abundantemente.

Ante un tiempo fresco se recomienda utilizar una o dos sudaderas finas sobre la camiseta. Sólo debemos ponernos una chaqueta más gruesa ante unas condiciones extremas del tiempo. No hay que olvidar que la piel es un órgano por el que transpira nuestro cuerpo. Una chaqueta forrada sólo es adecuada, como mucho, en caso de un frío gélido o de un viento helado, pues, de lo contrario, estorba y resulta incómoda. Y además, en caso de sentir calor, un suéter puede atarse, sin dificultades alrededor de la cintura.

Un chubasquero o impermeable, de los que hay cientos de modelos diferentes, nos permiten caminar casi con cualquier tiempo, llueva o truene. Los más adecuados son los fabricados con materiales impermeables que no dejan pasar el agua, pero que permiten que nuestra piel transpire, expulsando el sudor cálido en forma de vapor a través de la prenda. Tienen el inconveniente de resultar algo más caros que las cazadoras o chaquetas de lluvia más sencillas.

4.2. Calzado

El calzado debe recibir una atención especial, pues las plantas y las articulaciones de los pies se ven afectadas de forma destacable al caminar. Las zapatillas más adecuadas son preferentemente las utilizadas para correr o hacer footing. Son las más convenientes gracias a las propiedades de las suelas, con cámaras de aireación, y a su confección flexible, sobre todo en el caso de que entrenemos la práctica de caminar sobre una superficie dura como el asfalto. Estas zapatillas pueden ser lavadas en la lavadora hasta temperaturas de 40°, siempre que no estén hechas en exclusiva de cuero.

Al deportista que trata de caminar para alcanzar un elevado nivel de rendimiento, le recomendamos la compra de zapatillas confeccionadas especialmente para esta práctica. La suela de un zapato de esta naturaleza puede estar incluso reforzada en el extremo del talón, de tal manera que éste reciba todo el apoyo necesario al realizar el movimiento de hincar el pie y se reduzca al mínimo el tiempo necesario para la rotación del mismo. La impulsión desde el suelo se ve reforzada, finalmente, gracias a una elevación en la suela por debajo del antepié, desde el cual nos vemos impulsados como desde los tacos de salida utilizados en el atletismo.

Consejos:

1. Se recomienda comprar zapatillas con sistemas de aireación (por ejemplo, con cámaras de aire o gel). Esto puede impedir o reducir molestias en las articulaciones o los tendones.
2. No debe comprarse un calzado demasiado ajustado. Las zapatillas para caminar deben ser de una talla mayor que la de los zapatos normales, con el fin de evitar que aparezcan zonas de presión y lograr que el pie tenga cierta libertad en el movimiento.
3. Sería deseable que un médico o el vendedor especializado determinasen nuestra posición normal de los pies, para después ofrecernos el calzado adecuado. Utilizando zapatillas especiales podemos actuar contra las torsiones hacia dentro o hacia fuera que incorrectamente realicen nuestros pies.
4. Si se tienen molestias previas en las articulaciones, no deberíamos dejar de acudir al médico para poder determinar las causas de los dolores. Con plantillas blandas puede limitarse o, incluso, acabar con estas molestias.

4.3. Accesorios

En los comercios especializados pueden adquirirse cintas de aprendizaje o de música apropiada para caminar. Se ofrecen para distintos niveles de práctica, desde el principiante hasta el más experimentado. Las piezas musicales rítmicas pueden ser aplicadas de muchas maneras. Los distintos tiempos musicales pueden acompañarse de velocidades mayores o menores al caminar. O podemos dejarnos introducir en un estado de ánimo agradable. Naturalmente podemos desarrollar nuestros propios programas de música de acompañamiento, si tenemos aptitudes para hacerlo. Deberíamos fijarnos entonces en que los tiempos musicales se ajustaran a la finalidad del entrenamiento y a las velocidades al caminar. La música ligera motiva a caminar más deprisa, mientras que la que es más tranquila nos estimula a caminar de manera relajada o meditativa.

Hay otros muchos utensilios de gran utilidad para caminar en cualquier época del año o condiciones climáticas. En el verano resulta útil con toda seguridad una gorra que nos proteja del sol, unas gafas de sol o una cinta para el pelo, que sirvan frente a los rayos ultravioletas y el calor. En el invierno frente al frío y el viento sirven de protección las gorras, las bufandas y los guantes.

4.4. Material auxiliar para el entrenamiento

Además del "walkman" para escuchar cintas de música, existen también otros materiales como las **cintas elásticas** (con ejercicios) para realizar prácticas de fortalecimiento como complemento a las horas dedicadas a caminar.

Un invento estupendo resultan los **cronómetros, pulsómetros y otros aparatos de medida,** con los que los apasionados de este deporte miden sus frecuencias cardíacas. Se trata de verdaderos aciertos, que se ajustan al espíritu de nuestra época, de nuestra sociedad basada en la técnica y la información. Con este equipo resulta mucho más sencillo el control de la frecuencia cardíaca. Ésta puede visualizarse en todo momento durante la marcha gracias a una cinta que se coloca en el pecho (emisor) y mediante un reloj (receptor y unidad de medición). Estos dispositivos de medición suelen disponer de un minúsculo ordenador que puede almacenar todas las frecuencias del pulso registradas durante una hora de ejercicio. Estos datos se pueden recuperar posteriormente y así controlar, de manera efectiva, si hemos caminado de acuerdo con el ritmo fijado inicialmente. Con estos aparatos disponemos de medios óptimos para poder planificar y controlar el entrenamiento.

Para algunas personas estos instrumentos pueden resultar seguramente un juguete interesante, pero, en nuestra opinión, caminar como tratamiento posterior a un infarto de miocardio, se convierte en una necesidad imprescindible: estos aparatos trabajan con la exactitud de un electrocardiograma, apenas se notan y sirven como sistema de prevención temprana ante complicaciones que puedan producirse.

En la elección de otros utensilios para caminar deberíamos dejar libertad a nuestra propia imaginación. Cuando en los Estados Unidos la práctica de este deporte estaba aún en pañales y un pequeño grupo de adeptos empezaba a llevar a cabo los primeros "intentos", caminaban casi "desnudos", es decir, sin ningún equipo especial.

Hoy los aficionados más ávidos de ponerse en forma portan pesas en las manos mientras caminan, para entrenar también de manera consciente la parte superior del cuerpo, o cargan con mochilas especiales para caminar, que estimulan aún más el entrenamiento. No debemos poner límites a nuestras ideas, todo aquello que haga más entretenida la práctica está permitido. ¡Hay que probarlo todo!

Calzado	**Ropa**	**Accesorios**	**Materiales auxiliares**
Zapatillas para caminar ❏	Chandal ❏	Protección frente al sol ❏	Pulsómetros ❏
Zapatillas con aireación ❏	Ropa de tiempo libre ❏	Cintas de música ❏	Cintas elásticas ❏
	Ropa de lluvia ❏	Reproductor portátil de cintas ❏	Pesas ❏
		Cintas para el pelo/muñecas ❏	Mochilas para caminar
			Película de vídeo ❏

Fig. 13: Lista para confeccionar el equipo mínimo.

4.5. Elección del terreno para caminar

Para caminar resultan ideales los parques de amplias praderas y arboledas con anchas coronas de hojas, o de elevados setos y zonas boscosas diáfanas. También son apropiados caminos rurales bordeados por arboledas. En estos lugares es seguro que disfrutaremos de tranquilidad y ambiente relajante. Los espacios naturales despiertan todos nuestros sentidos: el aire abanica nuestra piel, los setos, las praderas y los bosques invitan a hacer todo tipo de descubrimientos.

Un consejo:

Vale la pena escuchar de nuevo los distintos sonidos de las hojas de los árboles movidas por el viento, o la gran variedad de cantos de los pájaros, mientras caminamos suave y animadamente a un ritmo regular. Tratemos de concentrarnos en nosotros mismos, sintiendo cómo corre el aire por nuestro cuerpo y cómo le fluyen nuevas energías. Abramos alma y mente y fundámonos con lo que nos rodea. De este modo, caminar se convertirá, para nosotros, en una vivencia inolvidable.

4.6. La superficie sobre la que caminar

Una superficie llana, firme, es importante para caminar mejor, para evitar constantes variaciones en la velocidad y el ritmo. Por ello deben buscarse caminos reforzados. Una concentración constante en las variaciones del terreno dificultaría que la mente lograra "desconectar" y que nos liberáramos de nuestra vida cotidiana. No resultan apropiados ni los caminos de piedras ni los de arena blanda, también por el peligro de posibles lesiones.

Resultan ideales los caminos forestales acondicionados, suaves como alfombras, tal y como se encuentran en los pinares o en el otoño, cubiertos por una capa de hojas secas y bien aireadas. También es altamente recomendable la arena compacta, tal y como se encuentra en la orilla de las playas. En ella deberíamos caminar descalzos y disfrutar del agradable y suave masaje en nuestros pies.

Fig. 14: La forma y la superficie del terreno sobre la que caminamos.

5. El entrenamiento para caminar mejor

Muchos procesos corporales se ven influidos por fenómenos internos y externos. Por ello, los sentidos y las sensaciones a veces nos juegan una mala pasada. A menudo no nos damos cuenta de que estamos sobrecargándolo, porque, por ejemplo, el cuerpo no nos está dando la información necesaria o porque no hemos aprendido a captar sus mensajes. Por ello es conveniente que durante el ejercicio nos dejemos guiar tanto por mediciones objetivas como por sensaciones subjetivas.

Desde luego podemos empezar a caminar simplemente de acuerdo con nuestras ganas y humor. El entretenimiento debe estar, al fin y al cabo, en primer plano.

Sin embargo, sí deberíamos respetar algunos fundamentos sobre cómo dirigir el esfuerzo, con los que podemos perfeccionar el entrenamiento (sin reducir la diversión). Así lograríamos el mayor grado de efectividad para nuestra salud, con el menor gasto posible en tiempo. Mediante la variación del esfuerzo, de la distancia de los recorridos o de la velocidad al caminar, el entrenamiento nunca será aburrido.

5.1. La frecuencia cardíaca y la velocidad al caminar

En reposo, el corazón bombea de 60 a 80 veces por minuto (frecuencia cardíaca), una cantidad aproximada de cinco a siete litros de sangre a través de las venas, pudiendo variar según la edad, el sexo, la constitución y el estado de forma. La intensidad del esfuerzo, es decir, la intensidad a la que caminamos, puede incrementar la frecuencia hasta más de 200 pulsaciones por minuto. Así pues, la frecuencia cardíaca de cada momento da información sobre el grado de esfuerzo corporal que está teniendo lugar.

Científicos del deporte han determinado tras numerosos estudios de medicina deportiva, con qué frecuencias cardíacas se puede entrenar con seguridad de estar dentro de los límites beneficiosos para la salud. Estas frecuencias dependen de la edad, aunque, naturalmente, existen desviaciones a estos valores de acuerdo con el peso corporal y el sexo.

Sin embargo, han demostrado ser útiles algunas **reglas empíricas** sencillas, que hemos resumido en la siguiente tabla.

Edad	FC de mantenimiento 180 puls. − edad	FC de entrenamiento 200 puls. − edad	220 puls. − edad FC máxima
20	160	180	200
25	155	175	195
30	150	170	190
35	145	165	185
40	140	160	180
45	135	155	175
50	130	150	170
55	125	145	165
60	120	140	160
65	115	135	155
70	110	130	150

Fig. 15: Límites de frecuencias cardíacas (FC) efectivas para la salud.

Frecuencia cardíaca máxima: Este valor (por ejemplo, durante una prueba) no debería superar nunca el límite de 220 pulsaciones por minuto menos la edad de la persona. Esto significa para alguien de 50 años 170 pulsaciones. Este pulso máximo no debería alcanzarse, en cualquier caso, más que por personas entrenadas o bajo supervisión.

Frecuencia cardíaca de entrenamiento: La frecuencia óptima en el entrenamiento está en torno a 200 pulsaciones por minuto restando la edad. Pero este valor presupone también tener un estado de forma aceptable. Para una persona de 50 años supone 150 pulsaciones por minuto.

Frecuencia cardíaca de mantenimiento: La frecuencia cardíaca debería estar, en el entrenamiento, por lo menos en torno a 180 pulsaciones por minuto menos la edad, lo que supone para alguien de 50 años 130 pulsaciones.

También existen complicadas fórmulas para determinar el pulso durante el entrenamiento. Según las mismas esta frecuencia debería estar en torno al 60-70% del pulso máximo en principiantes y personas de edad, y alrededor del 70-80% del máximo en aquellos que están en mejor forma.

La frecuencia cardíaca es fácil de medir. Es la mejor herramienta para controlarnos, para poder determinar nuestra velocidad individual ideal. Si caminamos regularmente manteniendo los valores de nuestra frecuencia cardíaca de entrenamiento, estamos caminando a la velocidad adecuada.

Ahora bien, durante el transcurso de un entrenamiento regular notaremos de pronto que podemos caminar a más velocidad, manteniéndose estable nuestra frecuencia cardíaca de entrenamiento. Se trata de los primeros efectos perceptibles del incremento del rendimiento, tal y como se han descrito anteriormente.

5.1.1. Medición de la frecuencia cardíaca

Resulta prácticamente imposible medir la frecuencia cardíaca mientras caminamos, salvo que poseamos un pulsómetro electrónico.

Así, medimos la frecuencia cardíaca a través de la medida del pulso, pues normalmente ambas frecuencias concuerdan en personas sanas. Sin embargo, la frecuencia del pulso que se mide en los órganos periféricos del cuerpo, por ejemplo, en la muñeca, puede desviarse en algunas circunstancias (en algunas enfermedades concretas) de la frecuencia cardíaca, es decir, ser en ocasiones menor o mayor que ésta. Aquellas personas de las que se conozcan estas diferencias, deberían utilizar pulsómetros para reducir el riesgo de un sobreesfuerzo.

En cualquier caso, para la mayoría de las personas es completamente suficiente medir el pulso a través de la muñeca. Debemos proceder de acuerdo con las siguientes pautas:

- Antes de comenzar a caminar, debe practicarse varias veces la medición del pulso. Cuando estemos sin aliento y el pulso esté acelerado, no será nada fácil encontrarlo y, menos aún, acertar a contarlo.
- Para comprobar la frecuencia del pulso durante el entrenamiento debemos detenernos. Para medir nuestro pulso es necesario tener un reloj que nos indique los segundos.
- Se debe medir el pulso en el antebrazo, en la arteria de la mano por encima de la muñeca. Debemos ejercer una suave presión con los dedos índice, corazón o anular en el lugar situado entre las venas de la mano y el hueso (más externo). ¿Siente el pulso?
- Cuando hayamos encontrado el pulso debemos mirar el reloj y contar las pulsaciones que se producen durante 15 segundos. No tenemos más que multiplicar esa cantidad por cuatro y tendremos la frecuencia del pulso de entrenamiento de ese instante.

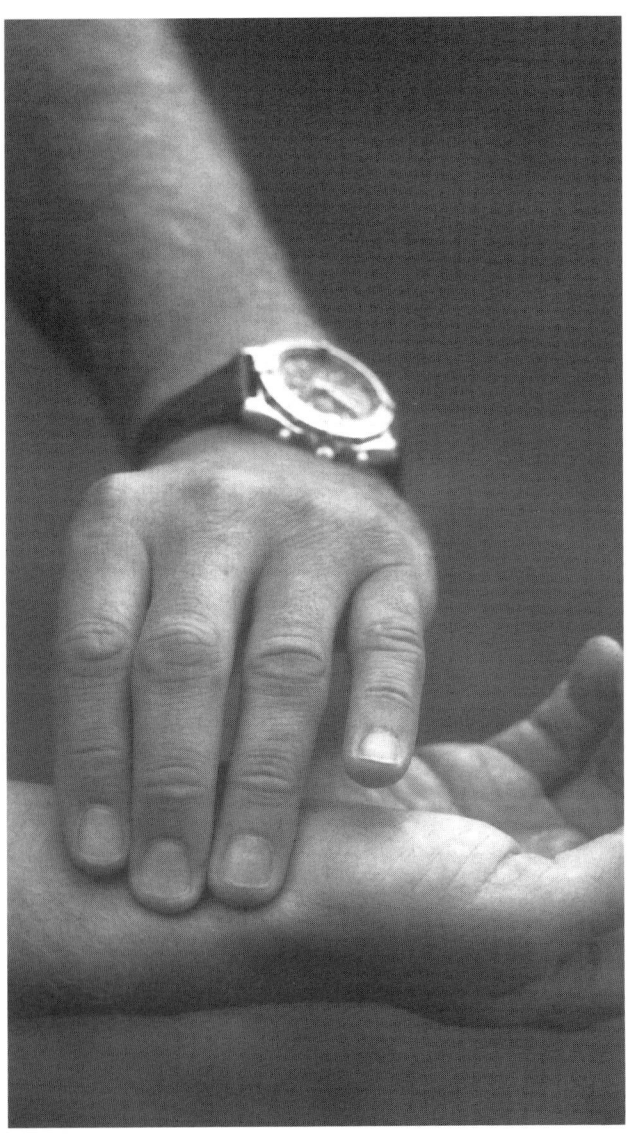

Fig. 16: Forma de medir el pulso.

La frecuencia del pulso se ve influida por otros factores. Así, por ejemplo, pueden incrementar o disminuir dicha frecuencia medicamentos, infecciones, fiebre, el clima del lugar o el tiempo que hace en ese momento.

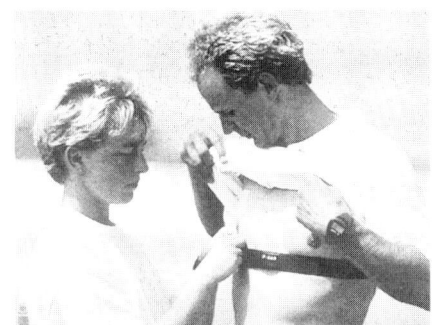

Fig. 17: Medición electrónica del pulso.

Nos debemos fijar, además de en nuestro pulso, en las demás señales que nos ofrece nuestro cuerpo. A veces no se está tan en forma como parece que se debería estar. Si nuestro estado de bienestar ha resultado satisfactorio durante y después del ejercicio, si la respiración ha sido pausada, profunda y tranquila, y no ha aparecido ninguna molestia en las articulaciones o los músculos, hemos estado en perfecta armonía con nosotros mismos. Por ello, cada vez que caminemos debemos encontrar la velocidad más adecuada para cada uno.

Un consejo:

La medición manual del pulso exige mucha práctica y a menudo está sujeta a errores. Si queremos tener una información exacta sobre el pulso durante el entrenamiento, merece la pena la inversión en un aparato electrónico de medición. Para personas con factores de riesgo y, aún más, para enfermos coronarios resulta imprescindible la medición exacta análoga al electrocardiograma.

5.2. Intensidad y duración

En caso de que durante años no hayamos practicado ninguna actividad física o deportiva relevante, resulta aconsejable en las primeras cuatro a cinco semanas tras haber comenzado el ejercicio, empezar con

30 minutos semanales en una sola caminata, siguiendo un control del pulso. Sólo después de esta fase de adaptación y reestructuración resulta aconsejable caminar dos veces a la semana. Deben dejarse dos días entre cada ejercicio. De este modo se va incrementando y estabilizando nuestro estado de forma suavemente. Hasta las seis semanas de práctica regular no debemos ampliar el entrenamiento, primero a tres sesiones por semana y después a cuatro. La duración del ejercicio debe irse adecuando lentamente a nuestro estado de forma. Después de aproximadamente doce semanas deberíamos haber incrementado la duración a 45 minutos y tras seis meses a una hora.

Gracias a un incremento progresivo, pero constante, del entrenamiento, la resistencia alcanzada se mantiene estable durante más tiempo que si se ha impulsado un rendimiento elevado en poco tiempo. Está claro que el cuerpo toma nota de cómo se le trata y nos va a agradecer este incremento suave y moderado del rendimiento.

5.3. Frecuencia del entrenamiento

Teniendo en cuenta los efectos sobre la salud y los datos de deportistas con un grado medio de entrenamiento, los científicos han establecido que la frecuencia óptima para entrenar debería situarse normalmente en tres o cuatro sesiones semanales cuya duración estaría entre 45 y 60 minutos, siempre con una frecuencia cardíaca de entrenamiento acorde con la edad. A la hora de organizar el reparto semanal de las sesiones resulta importante que entre cada una de ellas haya tiempo suficiente para la recuperación. La razón está en el hecho comprobado de que los procesos adaptativos más saludables tienen lugar en el cuerpo durante las pausas entre las horas de ejercicios.

La frecuencia y duración del entrenamiento semanal se ajusta también a nuestro estado de forma momentáneo. Para poder aprovechar todos los alicientes de la suave adaptación a la práctica de caminar, debemos saber en cada momento lo que podemos exigirnos a nosotros mismos. El punto de partida es nuestra capacidad de rendimiento y estado de salud en ese instante. Determinar nuestro estado de forma resulta fácil con el sencillo Test para Caminar. Cómo hacerlo se describe en el capítulo 6.3.

5.4. Calentamiento

Resulta peligroso comparar el cuerpo humano con una máquina. Esto sugeriría que también el cuerpo vivo puede ser llevado a un taller, del cual, tras un rato, se nos devuelve reparado. Sin embargo, es justo en este punto cuando se demuestra la diferencia entre una máquina y un sistema biológico. Las distintas partes de una máquina se pueden sustituir, mientras que el cuerpo es único durante toda su vida. El cuerpo es la base, el recurso único, irreparable, la fuente de la que obtenemos toda nuestra fuerza y energía.

Nuestro cuerpo debe ser preparado para rendimientos más elevados, si no existe la amenaza, como ocurre con un motor, de un desgaste prematuro. Por ello, debemos seguir un programa de calentamiento adecuado al cuerpo al comenzar el entrenamiento.

El calentamiento empieza en la mente. Hay que prepararse mentalmente para el entrenamiento que nos espera. Hay que juntar nuestros pensamientos y concentrarlos en los ejercicios. Hay que "calentar" nuestra sensibilidad, la percepción de nuestro cuerpo, con cada ejercicio, mirando y sintiendo en nuestro interior.

5.4.1. Una pequeña tabla de calentamiento

Ciertos músculos tienden, al estar inactivos, a contraerse de manera persistente, según su condición, las funciones corporales y el esfuerzo que se les exija.

En estos músculos disminuye su longitud, su capacidad de extensión y la movilidad de la articulación. Por ello, el punto determinante en el calentamiento de estos músculos está en el estiramiento.

Calentar no es ningún ejercicio obligatorio latoso. Debemos experimentar en nuestro interior cómo lenta y cuidadosamente se estiran y relajan los músculos y grupos musculares más importantes. Ya durante el calentamiento constatamos en nuestro cuerpo el principio de la tensión, al que siempre sigue la relajación.

5.4.2. Estiramiento

Al estirar un músculo se estiran las estructuras musculares móviles, encadenadas entre sí, y también los elementos pasivos como ligamentos y tendones. El músculo se vuelve así más flexible, adquiere mayor movilidad. Los ligamentos y los tendones, con los que están unidos los músculos en el esqueleto y que transfieren el movimiento a los huesos mediante la fuerza muscular, se adaptan al estiramiento regular del músculo y se vuelven más elásticos, sin perder su resistencia. Ejercicios de estiramiento sencillos realizados con regularidad previenen lesiones, como por ejemplo desgarros musculares durante el entrenamiento. A largo plazo se mantiene, e incluso aumenta, la movilidad de las articulaciones.

Los músculos deben estirarse tal y como se enumera a continuación:

- Tratemos, en primer lugar, de compenetrarnos con los lentos movimientos de estiramiento. Continuemos entonces respirando tranquila y profundamente. Hay que evitar contener la respiración.
- Estiremos lentamente los músculos, hasta que sintamos un tirón agradable. Debemos evitar movimientos bruscos u oscilantes.
- Los músculos se deben estirar durante 8 a 12 segundos. Después deben ser relajados lentamente.
- A continuación se deben soltar los músculos de manera activa, agitándolos y moviéndolos con cuidado o dando golpes o caricias suaves con las manos.

Debe realizarse el calentamiento antes de cada entrenamiento siguiendo el orden planteado de los ejercicios (véase el programa de calentamiento descrito en 7.1.). El programa de calentamiento debe comenzarse caminando, en primer lugar, cien metros a una velocidad suave, para estimular la circulación sanguínea y el riego y calentamiento de la musculatura. El estiramiento de la musculatura resulta entonces más fácil y agradable.

5.5. El plan personalizado de entrenamiento

Si empezamos cada día de manera que somos incapaces de mirarnos al espejo al levantarnos, porque vemos a un extraño en él, se cumplirá la profecía matutina según la cual el día ha terminado antes de haber empezado siquiera. Si por la mañana no conseguimos "arrancar" y al mirarnos al espejo nos preguntamos "¿Soy yo ése?", es que ha llegado el momento de hacer que las cosas cambien.

¿Usted que piensa? ¿Se trata de algo establecido por el destino? ¿O más bien somos nosotros capaces de establecer que cada día será una perla que iremos insertando, una tras otra, en el hilo personal de nuestra vida?

Desde luego, a menudo no tenemos elección y tenemos que realizar obligaciones que no nos son agradables. Pero no es necesario que tengamos que dejarnos abrumar por esa realidad externa. Al fin y al cabo somos forjadores de nuestra propia suerte, como suele decirse. Debemos proponernos todos los días algo que nos entretenga, algo agradable que nos dé alegría, con lo que podamos sentirnos bien. Tratémonos bien, porque se trata de nosotros. Miremos con calma las cosas a las que nos hemos de enfrentar. Abordemos el día con un espíritu activo e incluyamos en él momentos que nos relajen. Hagamos alguna cosa que nos guste y nos divierta. De este modo cada día será una pequeña contribución positiva a nuestra felicidad personal.

Caminar es la mejor manera de desembarazarse del estrés cotidiano que se ha acumulado al final del día. Pero para ello debemos tomarnos el tiempo suficiente. Encajado entre varias citas o asuntos, la falta de tiempo puede generar nuevo estrés.

La práctica de caminar nos va a relajar agradablemente gracias al suave esfuerzo realizado al aire libre. El aire consumido en la oficina se verá sustituido enseguida por el aire rico en oxígeno que entra en nuestros pulmones. Nuestros órganos se ven materialmente regados de oxígeno. Nuestra alterada estructura nerviosa experimenta un masaje reparador. Los vasos sanguíneos encogidos, dispuestos para la alarma, se dilatan, los órganos corporales inmersos en una frenética actividad se relajan agradablemente. Un calor cómodo, intenso, se extiende por nuestro cuerpo, y desaparecen las cavilaciones sobre los problemas que rondan nuestra cabeza. Dejamos atrás la actividad cotidiana. Nuestro espíritu empieza a fluir y notamos cómo cobramos nuevas fuerzas. Dejar vagar la mente, ¿con qué otra actividad deportiva podemos lograr esto mejor que caminando?

5.6. Las condiciones meteorológicas al caminar

Durante el verano hay que poner nuestra piel en contacto con el aire y los rayos del sol. Sin embargo, debemos protegernos de los peligrosos rayos ultravioletas. Resultan imprescindibles las cremas solares protectoras, aunque en cualquier caso deberíamos evitar caminar al mediodía. Las horas más frescas de la mañana o de la tarde son las ideales, y ello también por los menores valores de ozono de ese momento. Por desgracia, el ozono aparece en verano en concentraciones extremadamente elevadas.

El ozono superficial es un gas irritante que se forma por la reacción de materiales de azufre (su principal origen está en la polución debida a los combustibles y la industria) con la radiación solar. Por ello la concentración del ozono de los últimos años es especialmente elevada en verano. A muchas personas le produce dificultades respiratorias. Estas personas deberían evitar el entrenamiento en días con elevados niveles de ozono. Ahora bien, si sólo podemos caminar a las horas del mediodía, momento de los mayores niveles, debemos evitar las calles de mucho tráfico.

Por cierto: los deportistas no deberíamos secar nuestros propios pozos, ¿verdad? Dejemos, por tanto, alguna vez el coche en casa, si es posible. Así caminaremos y, al tiempo, daremos un pequeño respiro a nuestro medio ambiente.

					47

JOACHIM SAAM			Impreso el domingo, 9 de febrero de 1997, a las 19:43		
LUNES, 10 DE FEBRERO DE 1997					
	LUNES	MARTES	MIÉRCOLES	JUEVES	VIERNES
8:00				Caminar	
8:30	(Universidad) Conferencia Deportes				
9:00					
9:30		Clase	Tutorías		
10:00					
10:30					
11:00					
11:30					
12:00					
12:30					
13:00	Comida con Huber				
13:30					
14:00					Caminar
14:30					
15:00	Examen				
15:30					
16:00					
16:30				Peluquero	
otras:	18:00-19:30 Caminar		18:00-19:30 Caminar	16:30-18:00 Peluquero	

Fig. 18: Plan semanal en el que se integra el caminar.

JOACHIM SAAM		Lun.	Mar.	Mié.	Jue.	Vie.	Sáb.	Dom.
ACONTECIMIENTOS							1	2
DEL LUNES, 10 DE FEBRERO DE 1997		3	4	5	6	7	8	9
		10	11	12	13	14	15	16
		17	18	19	20	21	22	23
		24	25	26	27	28		
Impreso el domingo, 9 de febrero de 1997, a las 19:43								

8:00		Otras citas
8:30		18:00-18:30
9:00	(Universidad) Conferencia Deporte	Caminar (Punto de encuentro en el lago)
9:30		
10:00		
10:30		
11:00		
11:30		
12:00		Tareas (activas):
12:30		
13:00	Comida con Huber	
13:30		
14:00		
14:30		
15:00	Examen	
15:30		
16:00		
16:30		

Fig. 18: Plan semanal en el que se integra el caminar.

6. Control y dirección del entrenamiento para caminar

Caminar y entrenar para caminar: ¿hay alguna diferencia? A nuestro juicio, sí. Podríamos empezar a entrenar sin más, de acuerdo con nuestras propias (y subjetivas) facultades, echando a andar según las ganas y el humor que tengamos. Los sobreesfuerzos son casi imposibles. Pero también podemos dirigir el entrenamiento de manera objetiva, ayudándonos de métodos de entrenamiento comprobados. Es el mismo caso que el del capitán de un barco, que puede dirigir su nave mediante su instinto hacia el horizonte y alcanzar su objetivo (¿o quizás también hacerla encallar?), o dirigirlo teniendo en cuenta las estrellas o utilizando un compás.

Con ello se pretende argumentar que podemos configurar el entrenamiento de tal manera que ni se desaprovechen nuestras posibilidades ni sometamos al cuerpo a un esfuerzo excesivo. En los siguientes capítulos trataremos de explicar cómo lograrlo.

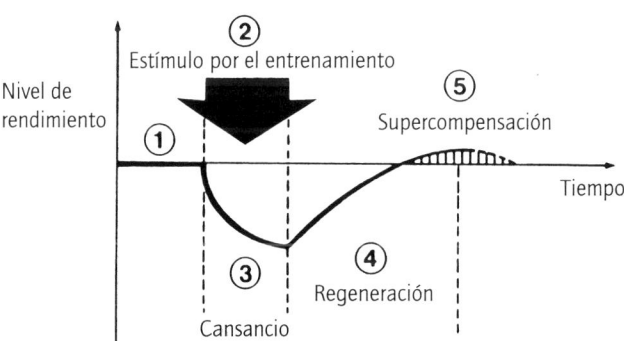

Principio de la adaptación biológica: Partiendo de un nivel individual de rendimiento (1), se produce por el estímulo (por ejemplo, 2 horas de entrenamiento) que tiene lugar (2) el cansancio (3), descendiendo el nivel de rendimiento. Al final del entrenamiento comienza la fase creciente de regeneración (4) cuya duración depende del esfuerzo realizado. Al final de la recuperación se alcanza un nivel de rendimiento superior al original: la supercompensación (5). Si no se sigue incrementando el esfuerzo en el entrenamiento, poco a poco se volverá al nivel inicial.

Fig. 19: *El principio de la adaptación biológica: Cómo se alcanza un nivel de rendimiento superior al de partida.*

6.1. Esfuerzo y recuperación

Después de estar caminando durante una hora, el cuerpo normalmente suele presentar un cansancio agradable, su capacidad de rendimiento es menor que antes. El organismo pretende contrarrestar este cansancio, para poder recuperar toda su capacidad de rendimiento (mediante la compensación). Para ello necesita, desde luego, el tiempo suficiente, según el grado del cansancio. Este proceso de adaptación que incrementa el rendimiento después de un entrenamiento agotador, se conoce como supercompensación.

El organismo se preocupa instintivamente de lograr, en cierto modo como precaución frente a esfuerzos posteriores, que se aporten y almacenen las reservas de energía suplementarias que posibilitan un rendimiento corporal superior al anterior (sobrecompensación). De este modo, la capacidad de rendimiento del cuerpo es mayor que al comienzo del entrenamiento.

Este principio es aprovechado por los deportistas de elite hasta el máximo posible. Para deportistas preocupados en preservar su salud, es suficiente con alcanzar un valor óptimo individual y mantenerlo de manera duradera. La fórmula empírica se resume en **comenzar moderadamente, intensificar lentamente y mantener la forma.**

Si respetamos el principio de la supercompensación, de la recuperación necesaria y del nuevo entrenamiento en el momento adecuado, junto al esfuerzo correspondiente a la edad, se anula toda posibilidad de sobreesfuerzos. El cuerpo nos avisará a tiempo con ciertas señales de que se está pidiendo demasiado.

6.2. Señales de alarma que transmite nuestro cuerpo

Algunos signos de estar exigiendo demasiado al cuerpo o de un incremento muy rápido de la intensidad del entrenamiento; pueden resumirse en dolores musculares y/o en las articulaciones: agujetas, cansancio y decaimiento. Aunque al caminar los sobreesfuerzos están casi descartados, caso de darse ofrecemos algunos consejos sobre cómo actuar:

- Si aparecen dolores musculares o de las articulaciones durante el ejercicio, deberíamos interrumpir o, incluso, suspender el entrenamiento.
- Los dolores agudos pueden mitigarse mediante un enfriamiento (con una bolsa de hielo) de la articulación afectada.
- Las tensiones o dolores musculares recurrentes deberían aliviarse mediante calor (ducha de agua caliente, bolsas de agua caliente,

lámparas de infrarrojos). En caso de duda deberíamos pedir consejo al médico.
- Las agujetas no suponen lesiones serias del músculo, aunque sí son molestas. Se deben a la aparición de desgarros microscópicos en la fibra muscular. Pasados un par de días los síntomas a menudo remiten. Si después de caminar aparecen las agujetas, debemos esperar con el siguiente ejercicio hasta que se nos hayan pasado. No se debe dar un masaje sobre la zona afectada, pero sí se permiten fricciones superficiales con una suave presión de las manos y con un tratamiento de calor.
- El cansancio y el decaimiento pueden ser señal de un entrenamiento excesivo. Puede ser debido a que las pausas de la recuperación han sido demasiado breves. Si empezamos a caminar muy pronto, es decir, siempre en la fase de recuperación del cuerpo, éste es incapaz de compensar la pérdida de energía y, menos aún, sobrecompensarla. Esto conduce de manera persistente a un descenso del rendimiento, que se manifiesta como desgana y laxitud. En este caso deberíamos interrumpir el entrenamiento para volver a acumular nuevas fuerzas. ¡Démosle tiempo al cuerpo para que se recupere!

Lo que es válido para el principiante, tanto al caminar como en cualquier otro deporte, también debería ser respetado por los que están mejor preparados. Como se suele decir, en el descanso reside la fuerza. Hay que tomárselo en serio, no pretendemos ganar ningún premio.

6.3. El test para caminar

En el siguiente apartado queremos presentar una ayuda útil para dirigir nuestro entrenamiento: el **test para caminar,** desarrollado y probado científicamente para el deporte orientado a la salud y el tiempo libre en colaboración entre el Instituto UKK (Tampere, Finlandia) y la Universidad de Frankfurt. Con este procedimiento puede comprobarse el estado de rendimiento y salud de nuestro cuerpo y obtener a partir del mismo valores indicativos para la configuración posterior de nuestro entrenamiento.

El **test para caminar** pertenece a los procedimientos de comprobación de resistencia reconocidos científicamente, y con él se puede calcular la capacidad máxima de consumo de oxígeno (VO_2 máximo). Este valor es el criterio objetivo para hallar la capacidad de rendimiento de la resistencia.

Con esta prueba se puede determinar el estado general de nuestra forma física, para adaptarnos a un programa ya existente para caminar o planificar nuestro propio entrenamiento. La documentación a largo plazo que se extrae de los datos del test, ofrece además aclaraciones sobre el desarrollo individual del rendimiento.

Antes de comenzar este test, debe realizarse el examen de riesgos para la salud (página 21, Fig. 6). Es obligatorio para el caso de las personas que no hacen deporte regularmente desde al menos dos años. En caso de no estar seguro, lo mejor es consultar siempre al médico.

Fig. 20: Grupo de personas realizando el test para caminar.

Cuestionario del Test para Caminar
Antes de realizar el test, debe responderse a las siguientes cuestiones: 1. ¿Padece usted una enfermedad cardíaca o hipertensión? 　◯ Sí　　　◯ No 2. ¿Tiene usted artrosis? 　◯ Sí　　　◯ No 3. ¿Ha estado recientemente enfermo o lesionado? 　◯ Sí　　　◯ No 4. ¿Se encuentra usted enfermo en la actualidad o tiene malestar general? 　◯ Sí　　　◯ No 5. ¿Ingiere usted medicamentos para descender el ritmo cardíaco, como, por ejemplo, betabloqueantes? 　◯ Sí　　　◯ No **Si ha contestado afirmativamente al menos una de las preguntas, debería consultar al médico antes de realizar el test.**
¿Practica usted deporte? 　◯ No　　◯ Sí (-2 horas/sem.)　　◯ Sí (+2 horas /sem.) Si la respuesta es afirmativa: ¿qué deporte? 　◯ Caminar _____ Otro deporte de resistencia (por ejemplo, correr, footing) _____ Cualquier otro deporte (por ejemplo, tenis, fútbol, judo, etc.) _____ Entrenando para caminar, ¿qué efectos persigue sobre su capacidad de rendimiento deportivo? 　◯ Mejorarla　　　　　◯ Mantenerla ¿Cómo prefiere desarrollar su entrenamiento? 　◯ Acompañado　　　◯ Solo
Datos personales: Sexo (h/m): _____　Altura (cm): _____ Edad: _____　　　Peso (kg): _____ **Resultados del test tras 2.000 m:** Tiempo: _____ minutos y _____ segundos Pulso durante el esfuerzo (nº/min): _____

Fig. 21: Test para caminar.

Para las personas por encima de 70 años se desaconseja la realización del test. Para estas personas hemos desarrollado un programa específico (véase el capítulo 7.5). Si, a pesar de todo, desean comprobar su capacidad de rendimiento mediante nuestro test, se les recomienda pedir consejo siempre primero al médico.

Para realizar y evaluar el test para caminar, seguir las indicaciones descritas a continuación:

Autocomprobación y autoevaluación

Llevamos a cabo el test nosotros mismos, de acuerdo con las siguientes instrucciones de realización. De este modo obtenemos una evaluación simplificada de nuestro test y una primera valoración de nuestro estado de forma, con la que podemos ajustarnos a los planes de entrenamiento ofrecidos.

A continuación, sigamos las indicaciones para la realización del test para caminar. Es importante tener en cuenta que sólo una ejecución correcta de las indicaciones conduce a resultados adecuados y a que pueda interpretarse nuestro rendimiento corporal. En caso contrario, será necesaria la repetición del test.

6.3.1. Preparativos

Antes de llevar a cabo la prueba, aún deben realizarse algunos preparativos importantes.

Aparatos de medición

Necesitamos un reloj con segundero o, mejor, un cronómetro, pues hay que anotar los tiempos en minutos y segundos. A continuación, durante el test, tendremos que contar el pulso con la ayuda del reloj (pulsaciones por minuto). (Se ha descrito cómo medir el pulso en la página 39, resultando ideal la utilización de un pulsómetro electrónico.) Debemos llevar con nosotros un lápiz y papel para apuntar, con el fin de recoger tanto el tiempo como el pulso del test.

Elección del recorrido del test

Debemos buscar un terreno llano. Marcaremos el punto de inicio y mediremos un trayecto de 2.000 metros (lo mejor es hacerlo con una bicicleta con cuentakilómetros). Lo más sencillo es elegir un campo de deportes con una pista de atletismo de 400 metros, pues bastará con darle cinco vueltas.

Calentamiento

Antes del test debemos realizar un calentamiento. Debemos caminar de 200 a 300 metros, probando cuál es la máxima velocidad a la que podemos caminar sin perder el aliento. Esto nos dará la medida para la velocidad correcta durante el test.

6.3.2. Realización del test

Salida

Anotaremos primero el tiempo de comienzo en minutos y segundos, para empezar a caminar lo más rápido posible, pero sin realizar un sobreesfuerzo. Debemos sentirnos a gusto en todo momento durante la prueba y, al tiempo, mantener esa velocidad regularmente durante todo el recorrido (sin esprintar al final). En cuanto sintamos que nos falta el aliento, debemos reducir la velocidad, pues será señal de que estamos caminando demasiado deprisa, además el pulso se eleva en exceso y ¡se puede falsear el resultado del test!

Llegada

¡2.000 metros pueden hacerse muy largos! En cuanto alcancemos la línea de llegada, debemos parar el cronómetro y anotar en el papel en minutos y segundos el tiempo que hemos precisado. Nos debemos concentrar entonces en la medición del pulso. Una vez localizado el pulso en la arteria, contaremos durante 15 segundos las pulsaciones, anotando primero este número, antes de tratar de multiplicar por cuatro para calcular el valor por minutos. Al estar fatigado, sería fácil que nos equivocáramos al multiplicar.

En general, hasta ahora ha sido nuestro cuerpo el que ha estado activo, pues hemos querido comprobar su estado de forma. Para valorar el rendimiento del test, se exige ahora un esfuerzo intelectual. Los resultados de la prueba de resistencia se pueden comprobar con la ayuda de unas tablas sencillas.

6.3.3. Evaluación

Para que el resultado del test sea fácilmente comprobable gracias a estas tablas, miles de hombres y mujeres sanos de todas las edades han realizado voluntariamente el test y se han sometido a investigaciones de la medicina deportiva. ¡No somos, por tanto, los primeros en aplicarlas!

Tiempo del test de caminar			
Hombres		**Mujeres**	
Edad	Tiempos medios (min. y seg.)	Edad	Tiempos medios (min. y seg.)
20	13:45 - 15:15	20	15:45 - 17:15
25	14:00 - 15:30	25	15:52 - 17:22
30	14:15 - 15:45	30	16:00 - 17:30
35	14:30 - 16:00	35	16:07 - 17:37
40	14:45 - 16:15	40	16:15 - 17:45
45	15:00 - 16:30	45	16:22 - 17:52
50	16:15 - 16:45	50	16:30 - 18:00
55	15:30 - 17:00	55	16:37 - 18:07
60	15:45 - 17:15	60	16:45 - 18:15
65	16:15 - 17:45	65	17:00 - 18:30
70	16:45 - 18:15	70	17:15 - 18:45

Fig. 22: Tabla de tiempos del test de caminar.

Mi tiempo de recorrido:	Min:		Seg.		$\emptyset$	☐	$< \emptyset$	☐	$> \emptyset$	☐

El tiempo invertido en el recorrido

Debemos proceder del siguiente modo: extraeremos de la "tabla de tiempos del test de caminar" nuestro rango de edad. Para cada rango se ofrecen los tiempos medios invertidos en el recorrido. ¿En qué lugar queda el nuestro? ¿Se ajusta a la media o hemos invertido más o menos tiempo?

La frecuencia del pulso

El tiempo invertido en el recorrido considerado por sí solo no resulta suficiente para valorar el resultado de nuestro test. Es importante observar ese tiempo en relación con la frecuencia del pulso durante el esfuerzo. Ésta sirve como línea orientadora para evaluar el rendimiento en la prueba:

En el test deberíamos esforzarnos de verdad y alcanzar un pulso de entre un 80 y un 95% de la frecuencia cardíaca máxima. De nuevo debemos buscar nuestro grupo de edad en la tabla. ¿En qué lugar queda nuestro pulso? ¿En torno a la media o encima o debajo de la misma?

Edad	Valor pulso durante el test 80/85% del pulso máx. (puls./min.)
20	160 – 190
25	156 – 185
30	152 – 181
35	148 – 176
40	144 – 171
45	140 – 166
50	136 – 162
55	132 – 157
60	128 – 152
65	124 – 147
70	120 – 143

Fig. 23: Frecuencias del pulso durante el esfuerzo para hombres y mujeres durante el test para caminar.

Mi pulso durante la realización del esfuerzo		puls./min:	Ø	☐	< Ø	☐	> Ø	☐

Valoración del test para caminar

Nivel del estado de forma	Resultado	Valoración	Incorporación a los Programas	Véase página
1	El pulso y el tiempo están sobre la media (pulso bajo y velocidad alta)	Estamos en muy buena forma. La capacidad de rendimiento de la resistencia es excelente	Programa para expertos	74
2	El pulso es excesivo, pero la velocidad está sobre la media (pulso mayor que la media y velocidad rápida)	El estado de forma sigue siendo bueno. Sin embargo, nos hemos esforzado demasiado en el test. No deberíamos caminar nunca con frecuencias cardíacas tan elevadas	Programa para deportistas avanzados	72
3	El pulso es bajo, pero la velocidad sólo está en los valores medios (pulso bajo, velocidad media)	La resistencia es suficiente. Sin embargo, seguramente nos hemos esforzado poco o hemos caminado muy despacio. Nuestro consejo: repetir el test	Programa para deportistas avanzados	72
4	El pulso es elevado y la velocidad está por debajo de la media (pulso alto, velocidad baja)	Desde luego, nos hemos esforzado, pero el resultado no es satisfactorio. ¡Manos a la obra! No hay que rendirse. Caminar es ideal para nosotros y para volver a hacer algo por nosotros mismos	Programa para principiantes	70

Fig. 24: Valoración del test para caminar.

7. Programas para caminar

Los siguientes programas se han elaborado de acuerdo con los resultados del test para caminar. Por ello, contienen, ajustados a nuestra condición física y rendimiento de ese momento y a la edad, indicadores sobre: las frecuencias ideales del pulso durante el entrenamiento, la duración del entrenamiento de una sola sesión y el número de sesiones de ejercicio durante la semana.

Independientemente del resultado de la prueba, todos los deportistas deberíamos realizar un calentamiento antes de empezar a entrenar. Por ello, presentamos, en primer lugar, el programa de entrenamiento apropiado para caminar, en el que se tienen en cuenta los principales músculos y grupos musculares implicados en el ejercicio.

7.1. Programa de calentamiento para caminar

Debemos empezar a caminar un recorrido de 500 metros, eligiendo una velocidad media. En los siguientes 250 metros debemos incrementar la velocidad hasta que, al final de los mismos, hayamos alcanzado la máxima velocidad.

A continuación debemos llevar a cabo los ejercicios en el orden que se presentan. Si los ejercicios nos resultan nuevos, debemos realizarlos, en primer lugar, con el máximo cuidado, de acuerdo con la descripción del ejercicio concreto, para interiorizar el movimiento y la extensión del estiramiento. El programa de calentamiento dura, según se realice, de 15 a 20 minutos.

Ejercicio 1 — Estiramiento de la musculatura de la pierna

- Debemos dar un ligero paso hacia delante. Apoyémonos entonces en ambos brazos. Una de las dos piernas queda estirada hacia atrás (véase la Fig. 26).
- Inclinemos la pelvis hacia delante y hacia abajo, intentando, al mismo tiempo, no dejar de estirar la pierna que está retrasada.
- Hay que prestar atención a que todo el pie quede apoyado sobre el suelo. ¡El talón no debe levantarse!
- Repitamos después el ejercicio con la otra pierna.
- El ejercicio se ha realizado correctamente cuando sentimos la tensión del estiramiento en la zona superior de la pierna.

Ejercicio	Músculo/grupo muscular	Objetivo del ejercicio	Repeticiones
1	Músculos pequeños y grandes de la pierna	Estiramiento	3
2	Musculatura de la pierna y tendón de Aquiles	Estiramiento	2
3	Musculatura posterior del muslo	Estiramiento	3
4	Musculaturas posteriores del muslo y de la pierna	Estiramiento	1
5	Musculatura de la región inguinal	Estiramiento	3
6	Musculatura anterior del muslo	Estiramiento	3
7	Musculatura interna del muslo	Estiramiento	2
8	Musculatura lateral del tronco	Estiramiento	2
9	Musculatura pectoral	Estiramiento	3
10	Músculos flexores laterales del cuello	Estiramiento	3

Fig. 25: Esquema de los grupos musculares afectados al caminar.

Fig. 26: Estiramiento de la musculatura de la pierna.

| Ejercicio 2 | **Estiramiento de la musculatura de la pierna (Intensificación del ejercicio 1)** |

- La posición de salida es la misma que en el ejercicio 1. La diferencia está en la realización del ejercicio, como se comprobará.
- Al contrario que en el estiramiento anterior, debemos doblar ahora la pierna retrasada (la pierna adelantada se inclina con ella, véase la Fig. 27). La pelvis se empuja suavemente hacia abajo. ¡El pie debe mantenerse plano sobre el suelo!
- El estiramiento debe sentirse en el tendón de Aquiles y, sobre todo, en la parte inferior de la musculatura de la pantorrilla. Lo repetiremos también con la otra pierna.

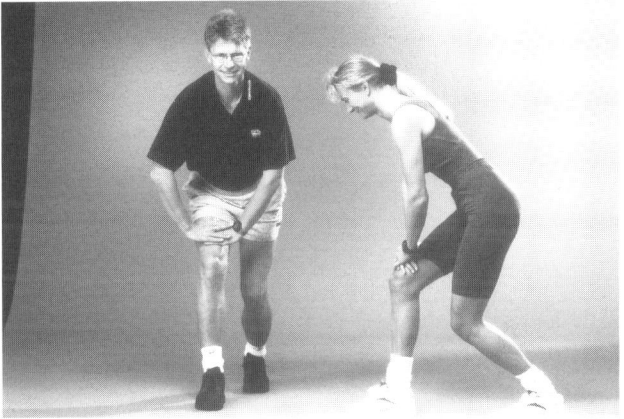

Fig. 27: Estiramiento de la musculatura de la pierna (Intensificación del ejercicio 1).

| Ejercicio 3 | **Estiramiento de la musculatura posterior del muslo** |

- Estando de pie, cruzamos las piernas estiradas, de tal manera que las partes exteriores de ambos pies se peguen una contra la otra.
- Entonces estiraremos el tronco hacia delante, manteniendo recta la espalda. Al tiempo apoyaremos la manos sobre el muslo que queda delante. Las piernas deben seguir estiradas (véase la Fig. 28).
- Nos inclinaremos hasta que sintamos el estiramiento en la parte posterior del muslo y detrás de la rodilla.

- Esta práctica se realizará también con la otra pierna.
- Es importante que en este ejercicio permanezca la espalda en la posición que se ha descrito. Con las manos, apoyadas en el lugar determinante, comprobaremos si podemos mantener esa posición. En cuanto percibamos que la columna vertebral no permite ya que la mano se hunda en el músculo, o bien que el pecho se mueve contra la otra mano, es que no es posible estirar más la musculatura posterior del muslo.
- Un mayor movimiento del tronco supone falsear el ejercicio y viene determinado por la movilidad de la columna vertebral. Bajo ciertas condiciones, se pueden distender así los ligamentos de la columna, lo que eleva los movimientos recíprocos de deslizamiento de las vértebras y, con ellos, el peligro de desgaste de los discos existentes entre las mismas.

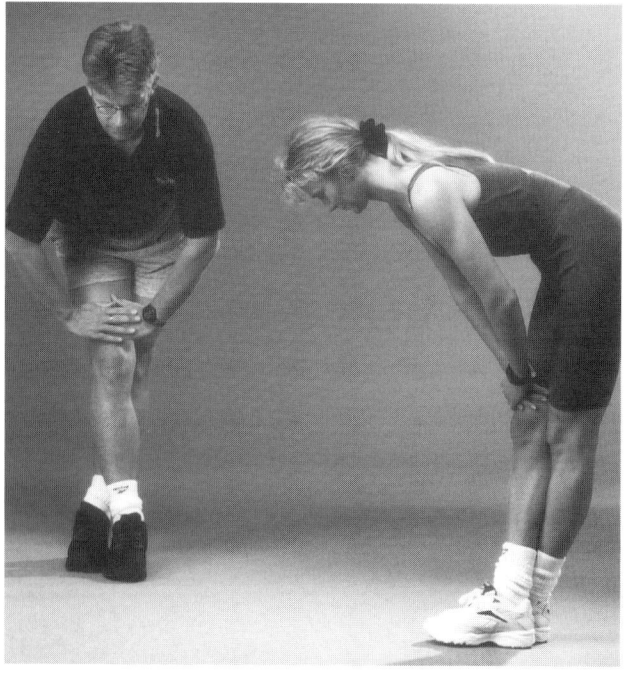

Fig. 28: Estiramiento de la musculatura posterior del muslo.

| **Ejercicio 4** | **Estiramiento de las musculaturas posterior del muslo y de la pierna. (Intensificación del ejercicio 3)** |

- Este ejercicio consiste en una intensificación del tercer ejercicio de calentamiento. Se trata de reforzar el efecto del estiramiento, puesto que la musculatura posterior del muslo y de la pierna forman lo que se llama una cadena muscular. De este modo, una musculatura de la pierna agarrotada, que está ligada con la posterior del muslo a través de los tendones y los ligamentos, puede conducir perfectamente a molestias en la parte inferior de la espalda. En la medida que se estiran ambos grupos musculares de un modo conjunto, mejoramos la capacidad de estiramiento de toda la cadena muscular.
- Este ejercicio se realizará de un modo análogo a como lo hemos hecho en el caso anterior. Reforzamos el estímulo para el estiramiento si apoyamos la pierna delantera estirada sobre el talón y estiramos la punta del pie hacia nosotros.
- Comprobaremos si sentimos el estiramiento intensificado sobre la corva, prestando atención en que no ceda el tronco y en que no nos apartemos del movimiento.

Fig. 29: Estiramiento de las musculaturas posterior del muslo y de la pierna.

| Ejercicio 5 | **Estiramiento de la musculatura de la región inguinal** |

- En primer lugar, daremos un paso de salida (véase Fig. 30) hacia delante, de una longitud mayor que nuestro paso normal. La pierna retrasada se apoya en el suelo a la altura de la rodilla, mientras que la pierna adelantada se dobla formando aproximadamente un ángulo recto.
- El tronco se alinea con la pierna atrasada y empujamos la cadera, tanto como nos sea posible, hacia delante y hacia abajo en dirección al suelo.
- Después repetiremos el ejercicio con la otra pierna.
- Estaremos realizando correctamente el ejercicio cuando sintamos el estiramiento en la región inguinal y en la parte interna del muslo.

Fig. 30: Estiramiento de la musculatura de la región inguinal.

| Ejercicio 6 | **Estiramiento de la musculatura anterior del muslo** |

- En primer lugar, nos colocaremos completamente erguidos, evitando un encorvamiento extremo, poniendo en tensión los músculos del abdomen y las nalgas. De este modo, fijamos la pelvis y pode-

mos estirar ahora la musculatura anterior del muslo, sin condicionar a otros grupos musculares y sin provocar una tensión innecesaria sobre la columna vertebral.
- En segundo lugar, tiraremos con la mano del talón hacia las nalgas. Llevaremos entonces la rodilla lentamente hacia atrás, hasta sentir el estiramiento en la parte anterior del muslo. Evitaremos el encorvamiento si, al mismo tiempo, empujamos la pelvis ligeramente hacia delante.
- Después repetiremos el ejercicio con la otra pierna.

Fig. 31: Estiramiento de la musculatura anterior del muslo.

| Ejercicio 7 | **Estiramiento de la musculatura interna del muslo** |

- En primer lugar, daremos un paso de salida hacia un lado (véase la Fig. 32). El tronco se mantiene erguido y las puntas de los pies dirigidas hacia delante.
- En segundo lugar, apoyaremos nuestro peso sobre una de las dos piernas, doblando ligeramente la rodilla (cuyo ángulo no debe ser mayor de 90°), mientras que la otra pierna se mantiene estirada.
- Manteniendo esta posición, comprobaremos si sentimos el estiramiento en la parte interna del muslo de la pierna estirada. Podemos incrementar la tensión inclinando el tronco lenta y cuidadosamente hacia un lado en dirección a la pierna estirada.

Fig. 32: Estiramiento de la musculatura interna del muslo.

| Ejercicio 8 | **Estiramiento de la musculatura lateral del tronco y movilización de la columna vertebral** |

- Primero, nos dispondremos erguidos con las piernas ligeramente abiertas (véase la Fig. 33) y con los brazos colgando lateralmente hacia la costura del pantalón.
- En segundo lugar, estiramos el brazo izquierdo sobre la cabeza y

nos inclinamos hacia el lado derecho, al tiempo que deslizamos hacia abajo el brazo derecho pegado a la costura del pantalón.
- Después repetiremos el ejercicio en el lado opuesto.
- ¡Es importante no inclinarnos hacia delante al realizar el ejercicio! ¡La pelvis debe mantenerse siempre horizontal!

Fig. 33: Estiramiento de la musculatura lateral del tronco y movilización de la columna vertebral.

| Ejercicio 9 | **Estiramiento de la musculatura pectoral** |

- En primer lugar, volveremos a colocarnos con las piernas ligeramente abiertas y pondremos nuestras manos en la nuca (a la altura de las orejas), de tal manera que los brazos se sitúen horizontal y lateralmente a la altura de los hombros.
- En segundo lugar, moveremos los brazos lentamente hacia atrás, sin que las manos se suelten de la nuca. Si estamos ejecutando correctamente el movimiento, tenemos que sentir el estiramiento en la musculatura pectoral.
- Debemos prestar atención de nuevo a que no se produzca un encorvamiento, poniendo en tensión la musculatura del abdomen y del trasero y fijando, así, la pelvis.

Fig. 34: Estiramiento de la musculatura pectoral.

| Ejercicio 10 | **Estiramiento de los músculos flexores laterales del cuello** |

- En primer lugar, nos colocamos erguidos en una posición relajada, disponiendo los pies abiertos y paralelos a los hombros, con la mirada hacia delante.
- En segundo lugar, pasaremos una mano sobre la cabeza hasta la oreja, inclinando la cabeza ligeramente hacia un lado.
- Después estiraremos el hombro del lado opuesto en dirección al suelo, hasta sentir el estiramiento en este lado del cuello y de la nuca.

Fig. 35: Estiramiento de los músculos flexores laterales del cuello.

Una vez completado el calentamiento, podemos comenzar el entrenamiento del programa para caminar que nos corresponda y al que nos hemos ajustado de acuerdo con los resultados del test.

La tabla siguiente nos ofrece una ayuda rápida y clara para determinar las frecuencias del pulso de entrenamiento adecuadas para los distintos programas para caminar:

Edad	Pulso máximo	Frecuencias del pulso de entrenamiento			
		100%	60%	75%	80%	90%
20	200	120	150	160	180
25	195	117	146	156	176
30	190	114	143	152	171
35	185	111	139	148	167
40	180	108	135	144	162
45	175	105	131	140	158
50	170	102	128	136	153
55	165	99	124	132	149
60	160	96	120	128	144
65	155	93	116	124	140
70	150	90	113	120	135

Fig. 36: Frecuencias del pulso de entrenamiento.

7.2. Programa para principiantes

En el caso de que hayamos evaluado con un "4" el resultado del test para caminar, este programa es el más adecuado para nuestro caso. Las frecuencias del pulso de entrenamiento que se indican a continuación tienen en cuenta un nivel de rendimiento por debajo de la media y también el hecho de que primero tenemos que acostumbrarnos a caminar. No debemos olvidar calentar antes de cada entrenamiento.

Semana	1 - 8	9 - 16	17 - 24	25 - 32	33
Frecuencia del pulso de entrenamiento (% pulso/máx.)	60%	60%	75%	80%	Test para caminar
Tiempo de entrenamiento por sesión (minutos)	15 – 30	30 – 45	45 – 60	60	Test para caminar
Sesiones por semana	1	2	2-3	3-4	Test para caminar

Fig. 37: Plan de entrenamiento para principiantes.

Debemos estar alerta ante señales que puedan anunciar falta de aire u opresión en el pecho. De producirse alguno de estos síntomas, debemos interrumpir el entrenamiento y consultar de inmediato al médico.

1ª a 8ª semanas

En las primeras ocho semanas debemos caminar manteniendo un pulso equivalente al 60% de nuestro pulso máximo de 220 menos la edad, para llegar suavemente a la adaptación de nuestro sistema cardiovascular al esfuerzo que se ha visto incrementado. Los tendones y los ligamentos se ven sometidos al esfuerzo de manera moderada y funcional, mientras que un tiempo de entrenamiento de como mucho 30 minutos en una sesión garantiza que no vamos a someternos a un sobreesfuerzo ni vamos a perder las ganas por caminar. No debemos perder de vista en ningún momento la técnica al caminar.

9ª a 16ª semanas

Las ocho semanas siguientes sirven para estabilizar las manifestaciones adaptativas producidas anteriormente, lo cual se logra elevando, en primer lugar, la duración de las sesiones de entrenamiento, manteniendo la frecuencia del pulso de entrenamiento, para, después, a partir de la 12ª semana, empezar a caminar dos veces por semana. Se trata ya de una tarea de cierta importancia y no deberíamos caminar a más velocidad, a pesar de que nos dé la sensación de que ya podríamos hacerlo. Hay que esperar a las siguientes semanas para aumentar la velocidad.

17ª a 24ª semanas

En esta fase del programa, de otras ocho semanas de duración, comenzamos por elevar la velocidad y, con ello, la frecuencia del pulso hasta el 75% de la frecuencia cardíaca máxima (véase la tabla de la página 70). Esto corresponde al límite inferior del esfuerzo permanente en el deporte de resistencia según las recomendaciones de la medicina deportiva. En este grado de esfuerzo mantenemos, en cualquier caso, la relación óptima entre la toma de oxígeno y el gasto del mismo ("estado de equilibrio"), lo que excluye prácticamente los sobreesfuerzos. Al final de esta fase del entrenamiento deberíamos ampliar la extensión del entrenamiento a tres horas de ejercicio a la semana.

25ª a 32ª semanas

En este caso incrementamos la velocidad, siendo la extensión del entrenamiento de cuatro sesiones de 60 minutos, hasta que estemos caminando en el límite superior del pulso de entrenamiento recomendado por la medicina deportiva, es decir, el 80% del pulso máximo correspondiente a la edad. De esta manera elevamos de manera óptima, suave y moderada nuestra capacidad de resistencia. Hace ya tiempo que hemos podido constatar algunas adaptaciones del organismo como una disminución del pulso de reposo o una mayor velocidad al caminar con menor pulso.

33ª semana

Estos hechos explican que debamos someternos de nuevo al test para caminar. Con una seguridad del 100% comprobaremos mejoras en el rendimiento y que podemos caminar más deprisa sin sentirnos en ese caso tan cansados como antes, lo que nos debería motivar a continuar. Ahora veremos si no podemos llegar incluso al **programa avanzado para caminar.** El incremento posterior del rendimiento está ya programado.

7.3. Programa avanzado para caminar

En el caso de que nos hayamos evaluado en el test con un "2" o un "3", este plan de entrenamiento avanzado es justo el adecuado para nosotros.

Semana	1 - 8	9 - 16	17 - 24	25 - 32	33
Frecuencia del pulso de entrenamiento (% pulso/máx.)	60-75%	60-75%	75%	80%	Test para caminar
Tiempo de entrenamiento por sesión (minutos)	30 - 45	45	45 - 60	60	Test para caminar
Sesiones por semana	2	3	3-4	4	Test para caminar

Fig. 38: Plan de entrenamiento avanzado.

1ª a 8ª semanas

Entrenaremos dos veces a la semana, debiendo ascender nuestro pulso de entrenamiento al final de la 7ª semana al 75% de nuestro pulso máximo (véase la tabla de la pág. 70). Desde la 8ª semana intentaremos caminar durante 45 minutos a esta velocidad, tratando de optimizar en este tiempo nuestra técnica al caminar. De este modo estabilizamos la capacidad de rendimiento de la resistencia que habíamos evaluado como media en el test, con el fin de elevarla en las fases posteriores.

9ª a 16ª semanas

En esta fase aumentaremos la duración y la frecuencia del entrenamiento, caminando a una velocidad que debe situarse siempre en torno al límite del 75% del pulso máximo.

17ª a 24ª semanas

De nuevo incrementaremos la extensión de nuestro programa, elevando, en primer lugar, hasta 60 minutos la duración de cada sesión y, después, a cuatro sesiones el número de entrenamientos semanales. Caminaremos con una intensidad situada siempre en el límite inferior del rendimiento continuo del 75%.

25ª a 32ª semanas

La resistencia, ya bien establecida, vuelve a mejorarse elevando la intensidad, es decir, la velocidad al caminar. Con la medición del pulso controlaremos que no estamos caminando demasiado deprisa: resulta más que suficiente un 80% del pulso máximo.

33ª semana

Mediante el test para caminar, comprobaremos ahora si ha mejorado nuestra forma física. Dado que es lo más probable, y que seguramente nos muestra un rendimiento excelente de la resistencia, deberíamos plantearnos si queremos animarnos a pasar al **plan de entrenamiento para expertos**. Con este programa será más fácil lograr nuevos incrementos del rendimiento.

7.4. Programa para caminar para expertos

Caminar para expertos, este es el plan de entrenamiento para aquellas personas cuyo rendimiento está por encima de la media. En el caso de que nos hayamos evaluado con un "1" en el test para caminar, es éste el plan adecuado. También en este programa es válido el principio de **"comenzar suavemente, para elevar el nivel poco a poco"**. Antes de "ir a por todas", debería estar asimilada la técnica, es decir, haberla practicado las ocho primeras semanas.

Semana	1 - 8	9 - 16	17 - 24	25 - 32	33
Frecuencia del pulso de entrenamiento (% pulso/máx.)	60-75%	75%	75-80%	80%	Test para caminar
Tiempo de entrenamiento por sesión (minutos)	30 – 45	45 – 60	60 – 90	90 – 120	Test para caminar
Sesiones por semana	2-3	3-4	4	4-7	Test para caminar

Fig. 39: Plan de entrenamiento para expertos.

1ª a 8ª semanas

En esta fase aún no debemos caminar tan deprisa como podríamos, pues conviene esperar todavía procesos de adaptación del organismo. Aunque la resistencia es muy elevada, los ligamentos y los tendones necesitan tiempo. Utilizaremos una velocidad media al caminar con el fin de ir limando la técnica, pues tiene que estar perfectamente aprendida cuando caminemos posteriormente a la máxima velocidad.

9ª a 16ª semanas

En esta fase incrementamos la extensión del entrenamiento sin aproximarnos al límite del 80% del rendimiento continuo. Esto lo haremos a partir de la 17ª semana, cuando intentemos caminar hasta 90 minutos con esa velocidad de rendimiento continuo.

17ª a 24ª semanas

Caminaremos 90 minutos a una velocidad cercana a la máxima. Ya estamos en forma y nos sentimos capaces de todo. Pero aún es posible lograr más.

25ª a 32ª semanas

Ahora realizamos nuestro ejercicio con una frecuencia del pulso del 90% del pulso máximo, con objeto de desplazar hacia atrás el límite aeróbico, el límite del rendimiento continuo. De esta manera volvemos a incrementar, una vez más, nuestra resistencia. Estamos tan en forma que podemos caminar 120 minutos a toda velocidad.

33ª semana

Con el test para caminar (página 51) comprobaremos si la velocidad y el pulso han vuelto a mejorar. Si caminamos aún más rápido con una frecuencia del pulso menor que en el primer test, apenas será posible mejorar nuestra resistencia si el objetivo es cuidar la salud.

Debemos seguir insertando pausas suficientes pues, como ya sabemos, la recuperación y el esfuerzo tienen que estar relacionados uno con otro. Sin embargo, no debemos caminar nunca de manera permanente por encima del límite del rendimiento continuo del 80% de nuestro pulso máximo. El 90% sirve sólo para que el cuerpo reciba nuevos estímulos para alcanzar un ajuste a un nivel todavía más alto.

7.5. Programa para caminar para mayores de 70 años

Este programa para caminar está indicado para las personas mayores de 70 años, es decir, la generación de la "tercera edad". Se trata de personas versátiles y experimentadas, que desean disfrutar del final de su vida.

Caminar es para este grupo el deporte de resistencia ideal. Se puede mantener e incluso elevar la movilidad, la vitalidad, el bienestar personal y la salud caminando regularmente. La calidad de vida se ve mejorada y se refuerza la confianza en las propias fuerzas del cuerpo que está envejeciendo y en el futuro que está por venir. El objetivo consiste en tratar de alcanzar y mantener la forma y el rendimiento hasta las edades más avanzadas.

El movimiento moderado de caminar mantiene en forma el corazón y la circulación sanguínea y todo el metabolismo se ve activado y revitalizado. El cerebro se ve irrigado de manera óptima gracias al suave esfuerzo y la presión sanguínea es mantenida dentro de sus límites saludables. Todo el aparato locomotor, la musculatura y los huesos, se ve reforzado. El peligro de fracturas en los huesos y de caídas peligrosas se ve así minimizado gracias a que los procesos nerviosos y musculares están en constante actividad y se mantienen gracias a ésta.

Las personas de más edad se orientan a partir del programa para principiantes (véase la página 70), estando ligeramente modificado "el programa para personas mayores":

Semana	1 - 8	9 - 16	17 - 24	25 - 32	33-40
Frecuencia del pulso de entrenamiento (% pulso/máx.)	60%	60%	75%	80%	80%
Tiempo de entrenamiento por sesión (minutos)	15	15 - 30	30 - 45	45 - 60	45 - 60
Sesiones por semana	1	2	2-3	3-4	5-7

Fig. 40: Plan de entrenamiento para personas mayores.

El objetivo debía consistir en caminar diariamente de 45 a 60 minutos al 80% de nuestro pulso máximo (220 menos la edad, véase la tabla en la página 70). El tiempo corresponde entonces a un paseo diario extenso al aire libre.

De este modo, una persona de 80 años, debería caminar con aproximadamente 112 pulsaciones por minuto. Las pulsaciones indicadas deben entenderse como valores orientativos. Lo importante es que el ejercicio se realice con 10 pulsaciones por minuto más que en reposo, independientemente de en qué semana de entrenamiento nos encontremos. Esto significa, por ejemplo, que si en esta situación tenemos un pulso de 80 por minuto, deberíamos entrenar con un pulso de, por lo menos, 90 por minuto. Así lograremos que el entrenamiento sea efectivo sin provocar un sobreesfuerzo.

Edad	Pulso máximo	Frecuencias de pulso de entrenamiento		
	100%	60%	75%	80%
70	150	90	113	120
75	145	87	109	116
80	140	84	105	112
85	135	81	101	108
90	130	78	97	104

(% de 220 menos la edad)

Fig. 41: Frecuencias del pulso de entrenamiento para personas mayores.

No debemos esforzarnos por encima de nuestras posibilidades. Los valores del pulso sólo son orientativos. En esta edad lo importante es la forma física individual. Los estados de forma y de salud pueden variar enormemente en las personas mayores, a pesar de tener los mismos años. Algunos se sienten que podrían arrancar árboles del suelo como si tuvieran treinta años, mientras que a otros les pesan los años. Al fin y al cabo no se trata de ganar ninguna medalla sino del bienestar personal.

Resulta aún más agradable si caminamos en compañía de amigos o conocidos, pues en grupo nos entretenemos todavía más. Podemos charlar, hacer nuevos contactos, profundizar en las amistades, y después del ejercicio sentarnos a tomar algún refresco y disfrutar de la buena compañía.

7.6. Programa para caminar y adelgazar

Caminar es un deporte de resistencia en el que se trabaja en unas frecuencias del pulso en las que se consumen sobre todo depósitos de grasas corporales.

Como deporte que trata con cuidado nuestras articulaciones, caminar debe anteponerse a otras disciplinas deportivas en el caso de las personas con sobrepeso que quieren reducirlo o controlarlo. El exceso de kilos no tiene que ser sostenido en las articulaciones con tanto esfuerzo ni requiere tanta fuerza para impulsarnos como ocurre al correr.

Zona de intensidad del entrenamiento (% de la FCM)	Frecuencia cardíaca máxima ♥									
	150	155	160	165	170	175	180	185	190	195	200
Zona de consumo de grasa (50%-60%)	75 a 90	78 a 93	80 a 96	83 a 99	85 a 102	88 a 105	90 a 108	93 a 111	95 a 114	98 a 117	100 a 120

Fig. 42: Zonas de consumo de la grasa.

Caminar regularmente es más efectivo que cualquier régimen. Aunque nos resulte difícil adelgazar, la relación entre la materia grasa y la masa muscular se ve transformada en nuestro favor. La mejor combinación para reducir peso consiste en unir una alimentación de escasas calorías con un moderado ejercicio de resistencia como es caminar. La ventaja frente a una dieta sin un movimiento correspondiente reside en que la musculatura que está consumiendo calorías durante el adelgazamiento no pierde masa muscular, sino que se eliminan casi en exclusiva depósitos de grasa.

Durante el ejercicio, el organismo consume energía en forma de hidratos de carbono y grasas existentes en forma de depósitos corporales. La tasa metabólica, el consumo de estas sustancias energéticas en la musculatura, se ve incrementada al caminar. De este modo, se asimilan mucho mejor los alimentos que hemos tomado que si sólo estuviéramos a dieta sin más.

Para el entrenamiento debemos considerar las frecuencias del pulso en las llamadas zonas de consumo de grasa (véase la Fig. 42). Habremos de caminar de acuerdo con nuestra edad dentro de las frecuencias del pulso que se indican. Debido a la escasa intensidad del esfuerzo, caminar estimula al metabolismo de la grasa a la máxima capacidad de rendimiento, con el fin de tener siempre suficiente energía a su disposición para el ejercicio. Lo importante y adecuado en este caso es caminar un tiempo mínimo de 60 minutos, pues es entonces cuando un 50-70% de la producción de energía del cuerpo se consigue gracias al catabolismo de la grasa corporal.

En el caso de que aparezca alguna de las abundantes manifestaciones concomitantes del sobrepeso, como, por ejemplo, una presión sanguínea elevada o molestias en las articulaciones, deberíamos consultar primero al médico antes de comenzar este programa para caminar.

Semana	1 - 8	9 - 16	17 - 24	25 - 32
Frecuencia del pulso de entrenamiento (% pulso/máx.)	60%	60%	75%	80%
Tiempo de entrenamiento por sesión (minutos)	15	15 - 30	45	60
Sesiones por semana	4	4	5	7

Fig. 43: Cuadro del programa para adelgazar caminando.

1ª a 8ª semanas

En esta primera fase es importante que primero reduzcamos peso y después empecemos poco a poco con el ejercicio, para acostumbrar al esfuerzo a las articulaciones de los pies, las rodillas y las caderas. Por ello caminaremos cuatro veces por semana, aproximadamente 15 minutos. Acompañaremos este programa con una alimentación baja en calorías.

9ª a 16ª semanas

En las siguientes ocho semanas incrementaremos el tiempo de ejercicio, con una extensión similar del entrenamiento, hasta 30 minutos de duración por sesión. En este caso el metabolismo de la grasa empieza a ponerse en funcionamiento a buen ritmo. Seguiremos manteniendo la dieta iniciada en la fase anterior.

17ª a 24ª semanas

Ahora aumentaremos sensiblemente la extensión del entrenamiento. Caminaremos cinco veces a la semana durante 45 minutos. Esto sólo lo consigue nuestro cuerpo si echa mano de nuestros depósitos de grasa. Seguramente veremos cómo en esta fase comenzamos a perder peso, al tiempo que se estira la piel y toman forma las distintas partes del cuerpo.

25ª a 32ª semanas

Llega la hora de la verdad y hay que caminar todos los días al menos 60 minutos. Esto significa gastar y catabolizar calorías todos los días, o sea: adelgazar.

Adelgazar caminando debe apoyarse mediante una alimentación baja en calorías. A menudo no es fácil olvidarnos de nuestros platos preferidos. De lo que se trata en ese caso es de que analicemos en qué situaciones y momentos comemos con verdaderas ganas. A menudo existe la firme decisión de alimentarse de una manera diferente pero, inconscientemente, volvemos a caer en la tentación de aquellos platos suculentos. En el caso de que tengamos dificultades con la transformación de nuestras costumbres alimenticias, es aconsejable acudir a programas de adelgazamiento dirigidos por especialistas. Serán el complemento ideal para el programa para adelgazar caminando.

8. Caminar como actividad terapéutica

Caminar es una actividad deportiva que se puede aplicar muy bien desde puntos de vista terapéuticos frente a ciertas enfermedades. En los próximos apartados se describe brevemente cuándo puede aplicarse este ejercicio como terapia del movimiento, tras un adecuado examen médico.

8.1. Problemas de espalda o lesiones en el aparato locomotor

Caminar es una disciplina deportiva que muestra un esfuerzo de empuje casi un tercio menor que correr a baja velocidad. Por ello, casi merece la pena caminar, antes de comenzar un entrenamiento para correr, para ir recuperando poco a poco el rendimiento perdido. En casi todas las lesiones que aparecen en el deporte, este ejercicio puede mantener el estado de forma o también ayudar, tras una pausa más larga debida a una lesión, a recuperar en menos tiempo el antiguo nivel de rendimiento.

Caminar es apropiado como entrenamiento del movimiento para aquellas personas que muestran manifestaciones de desgaste en las articulaciones de los pies, las rodillas o las caderas, o en la columna, y para aquellas que tienen que evitar esfuerzos de empuje que pueden dañar las articulaciones y los cuerpos vertebrales. En este caso, caminar ofrece la ventaja de que puede entrenarse la capacidad de rendimiento del esfuerzo al mismo nivel y desarrollar los efectos favorables para la salud propios de correr o hacer footing.

Desde finales de los años sesenta se sabe que la inactividad física provocada por determinadas manifestaciones de desgaste, como, por ejemplo, la artrosis (desgaste inflamado de las articulaciones), lleva al empeoramiento de la enfermedad. La medicina deportiva más innovadora viene defendiendo con éxito desde hace años que una práctica deportiva moderada detiene o, al menos, frena estos procesos. ¡Caminar es precisamente una actividad de este tipo!

8.2. Otras enfermedades

Bajo ciertas circunstancias, caminar resulta la mejor elección en la terapia (después de una lesión o enfermedad) y en la rehabilitación (recuperación tras una enfermedad grave). En ciertos cuadros clínicos caminar es el complemento ideal a medidas terapéuticas tradicionales, como, por ejemplo, en ciertos estadios de la osteoporosis (fragilidad ósea), en ciertas lesiones o manifestaciones de desgaste en el aparato locomotor, y como ejercicio terapéutico en enfermedades del corazón.

No nos es posible ofrecer aquí programas "rígidos" para caminar adecuados a cada cuadro clínico. El procedimiento debe desarrollarse individualmente según la capacidad momentánea de rendimiento y el estado de salud del paciente. Esto sólo puede tener lugar en una colaboración estrecha entre el médico que está tratando la enfermedad y el fisioterapeuta.

8.2.1. Osteoporosis

Esta enfermedad aparece sobre todo en las personas de mediana edad. La osteoporosis consiste en una reducción de la sustancia mineral ósea, mientras que los propios huesos mantienen su forma normal. Después de la fase de crecimiento (a partir de los 35 años), se produce una pérdida normal de masa ósea con la edad, que se contrapone a una reducida reposición de la misma. En las mujeres este efecto es más pronunciado que en los hombres, considerándose responsable de este hecho a la decreciente producción hormonal (estrógenos) durante y después de la menopausia.

Los síntomas de esta enfermedad consisten en dolores que aparecen en la espalda y en la columna vertebral, provocados por fracturas microscópicas en las vértebras.

Se puede prevenir esta enfermedad caminando y con una alimentación rica en calcio. Caminar es apropiado en las primeras fases de la osteoporosis como terapia del movimiento con vistas a reducir los síntomas y para impedir el avance de la enfermedad. El estímulo para el movimiento del ejercicio mejora el metabolismo de los huesos. También resulta idóneo caminar porque los esfuerzos de empuje sobre las articulaciones son mucho menores que en las demás disciplinas deportivas de resistencia, y puede ser practicado en cualquier lugar. En el caso de que padezcamos esta enfermedad debemos consultar al médico si podemos caminar, pues en fases posteriores de esta dolencia ya no está permitida más que una gimnasia específica.

8.2.2. Angina de pecho

Caminar resulta conveniente como entrenamiento terapéutico en el caso de enfermedades cardíacas de ciertos grupos de personas, y como entrenamiento de la resistencia en el caso de los llamados grupos de deportes apropiados para el corazón.

Como terapia del movimiento, caminar debe ser dosificado y controlado. Podemos alcanzar, como efectos secundarios deseados de esta práctica, una influencia positiva sobre factores de riesgo en la enfermedad de oclusión de las arterias periféricas (arterioesclerosis), como es el caso de la mejora del metabolismo de la grasa y de la velocidad de circulación de la sangre. También aquí debe obtenerse primero permiso del médico. En caso de que esto nos afecte, debemos aclarar con el médico si podemos practicar esta disciplina.

8.2.3. Enfermedades del sistema venoso periférico (varices)

No puede haber nada más apropiado que caminar para la prevención de afecciones en las venas, incluso cuando existen antecedentes. Pues, ¿qué puede haber mejor que caminar, para activar las bombas musculares de las piernas y para estimular el riego sanguíneo de un modo tan suave y moderado?

En las piernas existen dos tipos de venas, las superficiales (subcutáneas) y las profundas (subaponeuróticas). Las profundas se sitúan entre los músculos y los tendones. Las superficiales se sitúan externamente a la musculatura y están rodeadas por el tejido graso subcutáneo, el tejido conjuntivo y la piel. Los dos tipos de venas están interrelacionados mediante vasos venosos comunicantes.

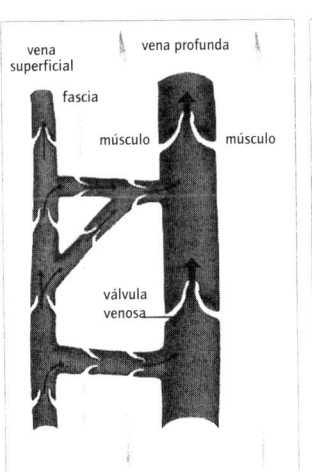
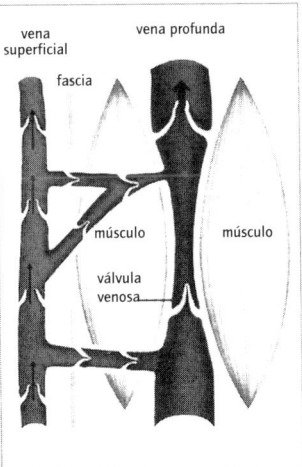

Fig. 44: La circulación sanguínea a través de las venas.

La sangre llega desde la superficie a las venas profundas por un sistema de bombeo. Esto tiene su sentido, pues así se evita un estancamiento del sistema profundo y la sangre fluye a la gran vena principal en la región inguinal y continúa por las venas de la pelvis de vuelta al corazón.

Las enfermedades del sistema venoso conllevan transformaciones en las venas profundas y en las superficiales. En las superficiales se traducen en venillas varicosas, varices reticulares (bultos externos mayores) y otras varices. El riego sanguíneo se ve interrumpido por las venas abultadas. La sangre puede desplazarse hacia las venas superficiales y dañar las ramas comunicantes, lo que puede llevar a inflamaciones de las venas o incluso a la formación de coágulos.

En las venas profundas un coágulo puede convertirse en un trombo y bloquear la corriente sanguínea de retorno. Si esta trombosis no es tratada a tiempo, pueden verse dañadas las válvulas de las venas. En este caso, se alteraría la función valvular, pudiendo llegar el llamado síndrome post-trombótico: la sangre ya no es evacuada correctamente y queda retenida. El suero es expulsado cada vez con mayor intensidad de los vasos hacia los tejidos y puede producirse una úlcera en la pierna *(Ulcus cruris)*.

En la peor de las situaciones puede desprenderse el trombo y llegar a las arterias pulmonares. Si éstas se obstruyen y se desencadena una embolia pulmonar, el daño en las venas puede tener un desenlace mortal.

La primera señal de una afección en las venas puede consistir en un cansancio o pesadez en las piernas. Lo mismo puede decirse de una sensación de incomodidad o calor en los pies. Si frecuentemente se producen calambres nocturnos en las pantorrillas, hinchazones en los pies, los tobillos o las piernas, el deterioro de las venas se encuentra en un estadio avanzado. Si tenemos dolores en las piernas deberíamos acudir inmediatamente al especialista.

Si una vena superficial está dolorida y enrojecida, estamos ante una inflamación (tromboflebitis). Si las piernas están hinchadas, con un rojo azulado y sensibles a cualquier rozamiento, puede indicar una trombosis de las venas profundas.

La práctica de caminar refuerza la musculatura de las piernas y tensa el tejido conjuntivo. De este modo se refuerza la función de la bomba muscular de la pantorrilla, que conduce la sangre venosa de vuelta al corazón. Cada paso al caminar ejerce, gracias a los movimientos musculares en la pantorrilla y los muslos, una presión alternativa sobre las venas que corren por su interior. Si los músculos se contraen, estamos presionando la sangre, como si de una esponja se tratara, desde las venas profundas a las venas superficiales. Las válvulas de las venas impiden entonces que la sangre retorne cuando los músculos se relajan. El ejercicio rítmico evacúa de manera óptima la sangre consumida y las piernas se descongestionan.

Caminar no sólo es importante para la corriente de retorno al corazón de la sangre, sino también para mantener la salud y elasticidad de las venas. Incluso en un caso de debilidad congénita de las venas, el ejercicio impide o retrasa en muchos casos las enfermedades del sistema venoso.

9. Caminar y la alimentación

> La correcta alimentación es un tema que en los últimos años no sólo ha ganado importancia para los deportistas. La nutrición ya no se considera fundamental sólo para la forma física, sino que también es un pilar básico para la salud. Ahora bien, en este capítulo se introducirá brevemente este aspecto y se ofrecerán consejos generales sobre la nutrición aplicada al ejercicio de caminar.

9.1. La importancia para la salud de la alimentación

Hoy en día, los bien surtidos supermercados no nos facilitan precisamente el hacer una elección de productos alimenticios de acuerdo con el sentido común. A pesar de toda la variedad existente, los alimentos están formados básicamente por tres sustancias químicas fundamentales:

- Los **hidratos de carbono**
- Las **grasas**
- Las **proteínas**

Estos nutrientes fundamentales se completan con las vitaminas, los minerales y los oligoelementos necesarios para nuestra supervivencia.

Las células tienen la capacidad de digerir el alimento ingerido mediante el proceso metabólico y transformar las materias disueltas directamente en energía o almacenarlas como reserva para momentos de escasez. El organismo quema, normalmente, los carbohidratos y las grasas en una relación equilibrada. Las proteínas no son proveedores energéticos fundamentales pero actúan también en el proceso metabólico a través de la cadena enzimática. Una alimentación incompleta, con un exceso de grasas o azúcares y una escasez de fibra, puede provocar la alteración de ese equilibrio.

Si la deficiente alimentación se une a una escasa actividad física, aumenta el riesgo de ganar peso. Nuestro cuerpo es capaz, desde luego, de tolerar durante cierto tiempo estas costumbres desequilibradas en nuestra alimentación. Sin embargo, en algún momento se agota incluso este mecanismo de adaptación orgánica.

9.2. Qué comer y cuánto

Atendiendo a lo que acabamos de afirmar, en nuestra alimentación deberíamos prestar atención a una combinación de alimentos rica en todas las materias necesarias. Para nosotros como deportistas, los nutrientes deben estar en una proporción equilibrada. La parte fundamental la deben componer los hidratos de carbono, y el resto, las proteínas y las grasas.

Participación (%)	Nutriente	Alimento
aprox. 15-25%	Proteínas	Leche, yogur, queso, carne magra
aprox. 15-25%	Grasas	Leche, yogur, queso
aprox. 60%	Hidratos de carbono	Cereales, patatas, pasta, fruta

Fig. 45: Tabla de participación de nutrientes en porcentajes.

9.3. Caminar y los líquidos

Al caminar se produce una pérdida mayor de sales y minerales, las sales son básicas para el mantenimiento de los líquidos en el cuerpo y los minerales son necesarios para muchos procesos vitales de gran importancia. Las vitaminas llevan a cabo tareas diferentes en el proceso metabólico y de asimilación de los nutrientes. Por ello, debemos asegurarnos de la provisión suficiente de estas materias nutritivas auxiliares.

- Hay que evitar grasas o productos ricos en grasas.
- No tomar azúcar o dulces.
- Reducir el consumo de bebidas alcohólicas.
- Sustituir los productos de harinas refinadas por los integrales.
- Debemos tomar cinco pequeñas comidas al día.
- Hay que ingerir entre litro y medio y dos litros de líquidos al día, y si llevamos a cabo alguna actividad física, aún más.

Fig. 46: Seis consejos para una alimentación consciente y equilibrada.

Teniendo en cuenta los consejos que acabamos de ofrecer, será más fácil implantar una forma de alimentación consciente incluso de manera duradera. De este modo también apoyamos el progreso en nuestro rendimiento como deportistas, pues una alimentación fácilmente digerible y asimilable con un escaso gasto energético, dota a nuestro cuerpo de una mayor capacidad de rendimiento.

10. Consejos para el deportista experto

Los siguientes consejos están dirigidos al grupo de deportistas que caminan con el fin de alcanzar un rendimiento concreto. Estos deportistas expertos son capaces de configurar su entrenamiento gracias a diferentes variantes. En estas páginas queremos presentarles brevemente algunas de las mismas.

10.1. Entrenamiento con pesos suplementarios

Los más experimentados tienen la posibilidad de incrementar la intensidad del esfuerzo con la ayuda de pesos (pequeñas mancuernas o cintas lastradas en las manos o los antebrazos). De este modo, la musculatura del tronco, de los hombros y de los brazos tienen que realizar un mayor esfuerzo y participan en el entrenamiento. El estímulo del esfuerzo es así mucho más elevado y el grado de agotamiento del organismo mayor.

Fig. 47: Caminar utilizando mancuernas o cintas lastradas.

El entrenamiento con pesos suplementarios sólo debería ser practicado por deportistas expertos.

10.2. Entrenamiento en un terreno accidentado (Hill-walking)

Como el nombre de "Hill-walking" indica, se trata de caminar por terreno montañoso. Pero, al contrario que en el senderismo, predomina el aspecto deportivo, pues se trata de mantener la velocidad también en este terreno.

Debido a la pendiente adicional, estos deportistas alcanzan frecuencias cardíacas que en otros casos se encuentran en atletas de maratón de alto rendimiento. A pesar de todo, también en este caso debe entrenarse en las frecuencias cardíacas especialmente apropiadas para la salud.

Por ello, sólo deberíamos practicar esta forma de caminar si nuestro estado de salud y de forma nos lo permite.

Fig. 48: Caminando con un equipo completo para una jornada.

Un consejo: ¡Cuidado al caminar monte abajo!

Al caminar monte abajo, se producen cargas extremas sobre las articulaciones y sobre la columna vertebral. Por este motivo, el punto esencial del entrenamiento, de acuerdo con la configuración del esfuerzo, debería estar en las cuestas y, por el contrario, el regreso debería realizarse con moderación y cuidado. No podemos olvidar que la musculatura ya está cansada y que, por esta razón, se dificulta la coordinación del movimiento. Se produce entonces un mayor peligro de lesiones en las articulaciones tibiotarsianas superiores e inferiores. Al bajar una pendiente la musculatura se pone 20 veces más en tensión que al subirla.

Las sesiones de entrenamiento deben ser combinadas de tal manera que hagamos pruebas con distintas formas del terreno. Antes de animarnos con pendientes muy prolongadas, deberíamos haber entrenado primero en un terreno variado con zonas llanas. De esta manera estamos más preparados para mejores rendimientos y nos protegemos frente a sorpresas desagradables.

10.3. "Body-walking": una forma integral de caminar

El desarrollo del espíritu humano se inicia a través de experiencias corporales. Por ello, los ejercicios físicos acaban por tener su influencia en el desarrollo espiritual. En este sentido, esta forma integral de caminar está indicada para todas aquellas personas que quieren llegar a su espíritu a través del cuerpo y que gracias a él desean experimentar la meditación, la relajación y su propio yo.

Los movimientos de esta forma de caminar son rítmicos y armónicos, no parece que tengan principio ni fin. Confluyen en un movimiento único del que todos parten a su vez. Caminar meditando nos transmite el sentimiento de la unidad de cuerpo y mente. En algún momento el espíritu se convierte en el motor que mueve nuestras piernas. La energía vital que fluye por nuestro cuerpo gracias a la respiración, dirige el ejercicio.

Caminar de este modo permite la meditación y la relajación. El cuerpo es el medio por el cual nos vamos a conocer y a ver con otros ojos a nosotros mismos y al mundo que nos rodea.

Es importante que encontremos el ritmo adecuado, nuestra velocidad en la forma integral de caminar. Entre los puntos que describimos a continuación, algunos son resultado de la atenta observación de nuestro cuerpo:

- Debemos buscar un entorno tranquilo y sin ruidos, evitando el tráfico de los coches. Una vez allí, nos prepararemos para el ejercicio a través de la concentración.
- En primer lugar, adoptaremos una posición firme y tranquila, dejando que el peso del cuerpo descienda hasta llegar a los pies. De este modo, nuestra posición gana en estabilidad. Una gran fuerza fluye desde el suelo y penetra en nosotros a través de los pies. Entonces debemos introducirnos mentalmente en el ejercicio de caminar imaginando sus movimientos suaves, fluidos y armónicos.
- Comencemos a caminar lentamente. Nuestra posición debe ser erguida y cómoda, manteniendo el cuerpo relajado. Nos sentimos li-

geros y con el espíritu en calma, y nos concentramos por completo en el ejercicio, elevando la velocidad hasta alcanzar un esfuerzo intermedio y agradable.
- Este modo de caminar está estrechamente ligado con la respiración. Debemos sentir de modo consciente, cómo el aire, que nos da la energía para vivir, fluye en el interior de nuestro cuerpo, se acumula en él y se extiende por todos sus órganos. Al expulsar el aire se moviliza la energía vital, nos abrimos y se renueva nuestro interior. De este modo, cada vez que respiramos lo hacemos con mayor profundidad.
- Gracias a la respiración podemos liberar tensiones existentes en la musculatura, para lo cual orientaremos aquélla al órgano de nuestro cuerpo que se encuentra en tensión. Por así decirlo, respiramos "hacia el brazo" o "hacia el estómago", sintiendo cómo se libera energía fresca, cómo se desbloquean energías agarrotadas y la energía vital fluye por nuestro cuerpo.
- Los movimientos que realizamos al caminar y el espíritu forman una unidad, pues caminamos sueltos y sin forzar. Los movimientos nacen del centro del cuerpo, la pelvis y las caderas son la base. Las piernas y los brazos se mueven formando parte de un conjunto suelto, homogéneo y armónico.
- Debemos concentrarnos en el movimiento rítmico que realizamos al caminar. Sentiremos cómo una pesadez agradable se extiende por nuestros miembros. Esa pesadez fluye a los pies, sintiendo a través de ellos el suelo, como si de allí fluyeran a nuestro interior nuevas fuerzas. Si el tiempo y la superficie lo permiten, deberíamos caminar descalzos. Resulta ideal una arena blanda pero compacta, o un césped mullido.
- En algún momento formaremos una unidad con nuestro entorno. Los sentidos están abiertos en todas direcciones, tanto hacia nuestro interior como hacia el exterior. Con cada aliento penetra en nosotros lo que nos rodea. Sentimos, verdaderamente, la totalidad y la unidad de las cosas en torno nuestro. Dejamos que esas impresiones actúen en nuestro interior y sintamos en cada fibra del cuerpo el medio vivo que nos rodea. Así, llegamos a la intuición de ser una pequeña parte de un todo maravilloso universal. De repente nos damos cuenta de que estamos unidos a las cosas, impregnados por ellas, lo que provoca que una seguridad y relajación insospechadas se abran paso en nosotros. Nos sentimos como una gota de agua, a salvo dentro del río de la vida. El pasado, el presente y el futuro

se funden, viviendo el momento y dejándonos guiar por esa forma integral de caminar.
- No podemos dejar de saborear este momento de felicidad. En este pequeño instante hemos reconocido el mundo, nuestro mundo personal. Caminar de un modo integral es una experiencia empírica del mundo como un todo y nuestro cuerpo es el instrumento de esta experiencia.
- Al final de la sesión, regresaremos activamente de este estado de introspección interior. Tome usted siempre la iniciativa de este regreso, pues así quedaremos relajados, serenos y tranquilos, para lo que esté por venir y no fatigados o aturdidos. Este regreso sólo puede obviarse en el caso de que a continuación nos vayamos a acostar.
- Debemos aminorar la velocidad poco a poco, hasta que nos hayamos parado por completo. De nuevo adoptaremos la posición firme y tranquila del principio, dejando que el peso del cuerpo descienda hasta los pies.
- Cerraremos ahora los puños, pondremos en tensión los brazos y los llevaremos varias veces con fuerza hacia el cuerpo. De inmediato comenzaremos a respirar profundamente de forma repetida, de tal modo que oigamos claramente nuestra respiración. Relajaremos todos los miembros y, por último, miraremos a nuestro alrededor con atención.

Caminemos de modo integral tantas veces como nos sea posible, dejándonos el tiempo necesario. Concentrarnos en nuestro cuerpo, adquirir la consciencia del mismo, lleva un tiempo hasta que se logra. Los efectos descritos posiblemente no se constatan de manera inmediata. Lo importante es caminar regularmente, pues no es posible precisar el tiempo necesario para entrar en ese estado de meditación. Los menos experimentados necesitarán caminar durante más tiempo para lograrlo que los deportistas expertos.

11. Consejos prácticos ofrecidos por el campeón olímpico de marcha Hartwig Gauder

1.º El calentamiento

Los músculos, que están fríos antes de comenzar el ejercicio, gracias al calentamiento alcanzan la temperatura necesaria y ya están preparados para el esfuerzo. Los vasos sanguíneos se dilatan poco a poco y el cuerpo tiene tiempo de prepararse para el esfuerzo que está por venir. De este modo, nos podemos concentrar más y mejorar también la motricidad necesaria para caminar. Con tranquilidad y falta de tensión nos estamos preparando mentalmente para el esfuerzo deportivo que vamos a llevar a cabo. El calentamiento debe comenzar con una serie de ejercicios físicos en el mismo lugar donde vamos a comenzar a caminar y se debe concluir la práctica deportiva con otra serie de ejercicios específicos para nuestro deporte.

2.º El atuendo

Según la época del año deberíamos utilizar distintas combinaciones de ropa. Un chandal clásico siempre es una buena elección, aunque lo más práctico es la ropa ajustable, como unas mallas. Para el caso de lluvia, viento y frío, deberíamos combinar la ropa impermeable con la de abrigo. La prenda contra la lluvia debería ser de un material impermeable, ligero y con pequeños orificios de aireación, con los cuales se garantiza la ventilación de la ropa que llevamos debajo. En estos materiales es decisiva la protección que puedan ofrecer contra el viento helado. De esta manera se evita el enfriamiento del cuerpo durante el ejercicio. Esta ropa tiene la función de dar salida al sudor.

3.º La resistencia

Lo que admiro de mi resistencia no es tanto el que sea capaz de marchar a pie, gracias a mi enorme capacidad de aguante, cincuenta kilómetros o más, sino que puedo realizar muchos otros aspectos de mi vida normal de un modo mucho más concentrado y prolongado. Ahora bien, para entrenar la resistencia debemos tener como condiciones previas fundamentales nuestra salud y el conocimiento lo más exacto posible de nuestra capacidad de rendimiento en cada momento.

4.º La dieta

Aquel que se alimenta y ejercita de una manera equilibrada, no necesita ningún régimen especial. Desde luego, durante la competición, tanto en los juegos olímpicos como en los campeonatos mundiales, tuve un plan específico de alimentación, pero no quisiera establecer generalizaciones con vistas a alcanzar determinados rendimientos. Al contrario de la imagen que se pueda tener del modo en que se alimenta un deportista, mi manera de alimentarme no consistía exclusivamente en ensaladas y muesli. Mi lema siempre fue: "procurar variar y tomar todo tipo de alimentos". Una nutrición variada de verduras, fruta, cereales, lácteos, ensaladas, pescados y carne magra es la mejor dieta.

Deberíamos probar siempre qué nos gusta más y nos sienta mejor: las "buenas sensaciones" en nuestro estómago son mucho más importantes que algunos consejos.

5.º Comer antes de caminar

Son válidas las mismas reglas que para la práctica de cualquier otro deporte. Lo fundamental es que no debemos caminar nunca ni con hambre ni con el estómago lleno.

Es más aconsejable tomar comidas ligeras repartidas a lo largo del día que tres comidas principales. Tres o cuatro horas antes de caminar debería tomarse una comida principal. No hay nada que objetar a un pequeño tentempié energético, a una taza de té o a un vaso de zumo entre 40 y 60 minutos antes del ejercicio.

6.º Los pies

Por paradójico que pueda parecer, a pesar de que nuestros pies son posiblemente la parte del cuerpo que más se fatiga, los tratamos, a la hora de su cuidado, con excesivo desdén, y eso que agradecerían enormemente una mayor atención. Valga este ejemplo:

A menudo forzamos a nuestros pies a llevar un calzado demasiado estrecho, todo por exigencias de la moda. Deberíamos dedicarles el mismo cuidado que damos a las manos. Después de un día cansado agradecerán una crema hidratante, de vez en cuando podríamos ofrecerles un buen masaje o, incluso, un baño de agua caliente. Para su bienestar y relajación puede resultar también provechoso el deslizar las plantas de los pies sobre un cilindro de madera.

7.º La salud

La salud no es un estado concreto que mantenemos constantemente sino un proceso tan largo como nuestra vida, en el que podemos influir. Incluso después de haber recorrido a pie más de 120.000 kilómetros no puedo decir de mí mismo: "Ya he hecho lo suficiente por mi salud". También para mí es válida la idea de que "caminando estoy en movimiento y me mantengo activo". Si usted camina activamente, comprobará enseguida cómo, gracias a un entrenamiento diseñado de acuerdo con su forma física y realizado de manera regular, y gracias a una posterior relajación dirigida, puede aumentar sus fuerzas de defensa, mejorar su bienestar espiritual y llevar una vida activa.

8.º El masaje de nuestro cuerpo

- La cabeza → Debe realizarse con las yemas de los dedos.
- Los hombros → Agitar los brazos para deshacer agarrotamientos, dar fricciones y aplicaciones.
- Brazo y antebrazo → Alisar y dar fricciones.
- Manos → Alisar, dar fricciones y agitar activamente.
- Tronco → Fricciones en la columna vertebral.
- Glúteos → Palpar superficialmente.
- Abdomen → Alisar en el sentido de las agujas del reloj.
- Muslos → Dar fricciones, alisar y palpar superficialmente.
- Piernas → Dar fricciones, alisar y agitar la pantorrilla.
- Musculatura de la tibia → Alisar con las yemas de los dedos.
- Pies → Alisar, dar fricciones en el borde externo.

9.º La intensidad

A pesar de la introducción de medios técnicos de ayuda, la sensación subjetiva del esfuerzo sigue siendo, a mi juicio, el criterio fundamental en un esfuerzo deportivo. Sólo la sensibilidad exacta del organismo permite calcular el caudal de rendimiento para el día correspondiente y minimizar los factores que puedan perjudicarlo. Para cualquier persona sana que practique nuestro deporte debería valer en caso de duda la regla: "mejor caminar un poco más despacio y, a cambio, durante unos pocos minutos más".

10.º Caminar y correr

En la actualidad, en los Estados Unidos la práctica de caminar ha sustituido al movimiento del footing. Los norteamericanos han comprendido rápidamente y sin problemas los aspectos ventajosos que nuestro deporte tiene sobre la salud.

Ahora bien, aquel que considera que caminando no da de sí todo su potencial, debería dar rienda suelta a su deseo, de acuerdo con el lema "llegar a correr caminando".

11.º El test de rendimiento

Los resultados de los tests son el punto de partida para deducir el esfuerzo que se puede recomendar. Los resultados de los tests pueden ser:

- Un resumen del test.
- Una valoración del rendimiento.
- Una recomendación para un entrenamiento de determinados movimientos.
- Una recomendación para un esfuerzo mayor.
- Un medio para controlar y dirigir el entrenamiento.

12.º Las personas

La mayoría de las personas son, por naturaleza, sociables. Por ello, cuando vayamos a comenzar la práctica de caminar, deberíamos preguntar a nuestros conocidos si alguno de ellos quiere participar en el ejercicio. Muchos están esperando una oportunidad como ésta y enseguida comprobaremos que es mucho más entretenido caminar en grupo, sobre todo porque durante el ejercicio queda aire suficiente para poder mantener una charla amigable.

13.º Las sustancias nutritivas

Los hidratos de carbono han sido mis proveedores fundamentales de energía, mientras que ingería las proteínas en una mezcla de proteínas vegetales y animales en mi alimentación normal. He tratado de evitar las grasas, pues ya está contenida una buena parte de grasa en una alimentación corriente y las vitaminas abundan de sobra en una nutrición equilibrada. Las sustancias minerales se pierden sobre todo a través de la sudoración, pero pueden ser reemplazadas después del ejercicio bebiendo cualquier preparado específico para deportistas.

14.º Las olimpiadas

La marcha atlética, practicada como deporte de competición, es una de las disciplinas más antiguas en los juegos olímpicos. En ellos los hombres disputan las distancias de 20 y 50 kilómetros, mientras que las mujeres disputan la distancia de 10 kilómetros. En un recorrido de 50 kilómetros se alcanza una velocidad media por parte de los marchadores de elite de aproximadamente 13,68 km/hora.

15.° El pulso

El pulso o frecuencia cardíaca es uno de los parámetros que se pueden determinar con mayor facilidad a la hora de dirigir el esfuerzo. Es posible medirlo contando simplemente las pulsaciones en la muñeca o en la arteria carótida del cuello durante quince segundos y multiplicarlas después por cuatro, hallando así las pulsaciones por minuto. Con este fin, se pone el dedo corazón o anular sobre la arteria correspondiente. Desgraciadamente, este método tiene un alto riesgo de errores. Se pueden constatar los siguientes al medir el pulso:

- No se mide el pulso inmediatamente después de terminar el ejercicio.
- Se producen errores al contar porque la frecuencia es demasiado rápida.
- No se localiza de inmediato la arteria.

Existe otra desventaja adicional: no puede medirse el pulso durante la realización del esfuerzo, a pesar de ser justo en ese momento cuando se necesita conocer los valores de la frecuencia del pulso, mucho más que cuando se ha terminado de caminar. Por ello, la medición manual del pulso es sólo un punto de partida poco preciso. Recomendamos por este motivo un pulsómetro (puede adquirirse en cualquier tienda de deportes o establecimiento especializado). Ahora bien, cuidado: de acuerdo con mi experiencia, no todos los pulsómetros cumplen lo que dicen prometer.

16.° La recuperación

Del "cansancio agradable" al final de un entrenamiento dosificado nos recuperamos enseguida. En cuanto calmamos nuestra sed y nos damos una ducha, nos sentimos claramente mejor que antes del esfuerzo. Es importante quitarnos la ropa sudada inmediatamente después del entrenamiento, debido al posible peligro de enfriamiento. Pero si el entrenamiento nos ha resultado más cansado de lo habitual o demasiado intenso para la sesión del día, nuestro cuerpo y nuestra mente necesitarán de cuidados mayores. Un masaje con un cepillo natural blando y elástico (cepillando de abajo a arriba) o una ducha alternante (comenzando con agua caliente y terminando con agua fría) ayudan a la relajación y favorecen la circulación sanguínea.

17.º Los dolores en la espinilla

La musculatura de la espinilla puede hacerse notar dolorosamente en la mayoría de los principiantes. En el caso de que así sea, estemos tranquilos: debemos pararnos brevemente y alisar los músculos con las yemas de los dedos. También puede calmar los dolores el deslizamiento de los pies sobre una base redonda. Los principiantes que sufran especialmente de estos dolores deberían prestar una especial atención a estos músculos en el calentamiento, elegir para caminar una superficie especialmente blanda y liberar las tensiones después del ejercicio mediante baños alternando la temperatura del agua. Tal y como me demuestra la experiencia, después de unas pocas horas de ejercicio estos dolores desaparecen.

18.º La forma del entrenamiento

Los principiantes deberían orientar el esfuerzo hacia el mantenimiento del mismo, pero sin exagerar. Esto significa andar aproximadamente 45 minutos a una velocidad regular. En este caso deberíamos plantearnos aumentar el tiempo o longitud del recorrido, más que elevar la velocidad. Una vez que tras algunas semanas nos sentimos más experimentados y tenemos la confirmación de nuestro progreso gracias al test para caminar, el seguir un programa de entrenamiento apropiado para cada individuo se convierte en un principio fundamental para alcanzar en el futuro un estado de forma superior.

Este programa debería procurar la mayor variación posible en el entrenamiento. Esto significa que si un deportista experto recorre en todas las ocasiones el mismo trayecto en el mismo tiempo, no puede mejorar debido a la ausencia de los mecanismos de estimulación y adaptación del organismo. De este modo, no renovará constantemente la medida de su rendimiento e irá perdiendo en algún caso la motivación y el deseo de seguir caminando.

19.º Los accidentes

A pesar de que el ejercicio de caminar no puede ser más moderado, puede tener lugar un accidente durante su práctica. Caso de producirse, resulta importante tomar las medidas adecuadas ya en el mismo lugar del accidente. En el caso de lesiones deportivas típicas como contusiones, torceduras, desgarros musculares o distensiones de los ligamentos, de lo que se trata es de evitar en lo posible inflamaciones o hematomas. Se recomienda en este caso la compresión inmediata de la zona (incluso con las manos) y un tratamiento de frío.

Sólo el médico puede realizar el diagnóstico exacto y ordenar el tratamiento correspondiente. Si se respetan las medidas inmediatas planteadas en el anterior párrafo, se acelera claramente el tratamiento ordenado por el doctor. Si nos limitamos a untar simplemente una crema sobre la zona accidentada, estamos sobrevalorando la capacidad del cuerpo de mantenerse sano en su integridad y estamos poniendo las bases para la próxima lesión, seguramente de mayor gravedad.

20.° El baño
Un baño de agua caliente, con sales o sin ellas, es la medida apropiada para lograr una relajación pasiva tras el esfuerzo de caminar. La temperatura no debería exceder los 40°, pero debería estar entre 37 y 39°. La duración del mismo puede alargarse entre 10 y 20 minutos.

21.° La técnica al caminar
Es importante saber que no existe una técnica ideal para caminar. Esto se observa sencillamente al comprobar las distintas formas de caminar que tiene cada persona. Cada cual tiene su estilo, su forma de andar. En la técnica que se determine, de lo que se trata en realidad es de optimizar la forma individual de caminar, tratando de eliminar los posibles errores, de tal manera que cada cual disfrute al caminar, eleve su forma física de una manera entretenida, eliminando con su sudor las frustraciones de la vida cotidiana y disfrutando de su cansancio corporal.

Y, por último, 22.°
Nunca es demasiado tarde para empezar a caminar. Si se determinan las condiciones, posibilidades y objetivos personales, pueden lograrse los mejores efectos. En estos aspectos no puede haber diferencias entre un deportista profesional y otro que enfoca su actividad al tiempo libre.

Debemos desechar de nuestra mente la idea de "no tengo tiempo para caminar". Tomémonos ese tiempo, pues se trata de nuestro bienestar personal.

Póngase en marcha, y tal vez nos encontremos caminando...

Le deseo el mayor placer al caminar
Hartwig Gauder

Índice de ilustraciones

Fig. 1: Relación entre movimiento, nutrición y relajación 10
Fig. 2: Equilibrio entre factores de defensa y factores de riesgo .. 14
Fig. 3: Los diez efectos cardiovasculares más importantes de la práctica de caminar.. 15
Fig. 4: Los nueve efectos más importantes de caminar sobre el metabolismo 18
Fig. 5: Los seis efectos más importantes de caminar sobre la mente 19
Fig. 6: Cuestionario para evaluar riesgos para la salud 21
Fig. 7: Motivos para caminar forzosamente 22-23
Fig. 8: Criterios excluyentes para la práctica de caminar 23
Fig. 9: Posición del cuerpo.. 24
Fig. 10: La técnica para dar bien un paso 26
Fig. 11: El movimiento de los brazos 27
Fig. 12: El movimiento completo del cuerpo al caminar 28
Fig. 13: Lista para confeccionar el equipo mínimo.......................... 34
Fig. 14: La forma y la superficie del terreno sobre la que caminamos 36
Fig. 15: Límites de frecuencias cardíacas (FC) efectivas para la salud 38
Fig. 16: Forma de medir el pulso 40
Fig. 17: Medición electrónica del pulso 41
Fig. 18: Plan semanal en el que se integra el caminar 47-48
Fig. 19: El principio de la adaptación biológica: Cómo se alcanza un nivel de rendimiento superior al de partida... 49
Fig. 20: Grupo de personas realizando el test para caminar....... 52
Fig. 21: Test para caminar.. 53
Fig. 22: Tabla de tiempos del test de caminar................................. 56
Fig. 23: Frecuencias del pulso durante el esfuerzo para hombres y mujeres durante el test para caminar 57
Fig. 24: Valoración del test para caminar.. 58
Fig. 25: Esquema de los grupos musculares afectados al caminar.. 60
Fig. 26: Estiramiento de la musculatura de la pierna 60
Fig. 27: Estiramiento de la musculatura de la pierna (Intensificación del ejercicio 1)... 61

Fig. 28:	Estiramiento de la musculatura posterior del muslo	62
Fig. 29:	Estiramiento de las musculaturas posterior del muslo y de la pierna	63
Fig. 30:	Estiramiento de la musculatura de la región inguinal	64
Fig. 31:	Estiramiento de la musculatura anterior del muslo	65
Fig. 32:	Estiramiento de la musculatura interna del muslo	66
Fig. 33:	Estiramiento de la musculatura lateral del tronco y movilización de la columna vertebral	67
Fig. 34:	Estiramiento de la musculatura pectoral	68
Fig. 35:	Estiramiento de los músculos flexores laterales del cuello	69
Fig. 36:	Frecuencias del pulso de entrenamiento	70
Fig. 37:	Plan de entrenamiento para principiantes	71
Fig. 38:	Plan de entrenamiento avanzado	73
Fig. 39:	Plan de entrenamiento para expertos	74
Fig. 40:	Plan de entrenamiento para personas mayores	76
Fig. 41:	Frecuencias del pulso de entrenamiento para personas mayores	77
Fig. 42:	Zonas de consumo de la grasa	78
Fig. 43:	Cuadro del programa para adelgazar caminando	79
Fig. 44:	La circulación sanguínea a través de las venas	83
Fig. 45:	Tabla de participación de nutrientes en porcentajes	87
Fig. 46:	Seis consejos para una alimentación consciente y equilibrada	87
Fig. 47:	Caminar utilizando mancuernas o cintas lastradas	88
Fig. 48:	Caminando con un equipo completo para una jornada	89

Fuentes de las fotografías e ilustraciones

Fig. 1: en Bös y Renzland; *Sport, Spiel, Spaß*. En la Universidad Johann-Wolfgang-Goethe de Frankfurt, editado por Forschung Frankfurt, 1989.
Fig. 17: Polar Electro GmbH Deutschland, Büttelborn.
Fig. 19: en Geiger, C.; *Ausdauersport-Leitfaden*, Oberhaching, 1988.
Fig. 42: en Edwards, Sally; *Leitfaden zur Trainingskontrolle*, Aquisgrán, 1993.
Fig. 44: tomada de *Venen-Walking*, con la amable autorización de Intersan GmbH, Ettlingen.
Fig. 47: Polar Electro GmbH.
Fig. 48: Polar Electro GmbH.

Todas las demás figuras y fotografías pertenecen al autor Klaus Bös, Frankfurt.

Otros títulos publicados por TUTOR:

Andar por la vida
Deena y David Balboa

Métodos 5BX, XBX (4.ª edición)
Real Fuerza Aérea Canadiense

Ejercicios en el agua para todos
Dra. Jane Zatz

Natación para todos (3.ª edición)
Dra. Jane Katz

Aquagym (La gimnasia en el agua)
C. Gourlaouen y J.L. Rouxel

Guía completa del entrenamiento de la fuerza
Anita Bean

Entrenamiento abdominal
Christopher M. Norris

Manual de estiramientos deportivos
Michael J. Alter

Manual práctico del corredor (2.ª edición)
John Hanc

Guía de alimentación para el deportista
Alberto Muñoz Soler y Fco. Javier López Meseguer

... y muchos más títulos, solicite catálogo
en el teléfono 91 559 98 32, o a través del
e-mail: tutor@autovia.com